中日贸易投资合作报告
（2024）

瀚闻资讯　著

中国商务出版社
·北京·

图书在版编目（CIP）数据

中日贸易投资合作报告. 2024 ＝ CHINA-JAPAN TRADE AND INVESTMENT COOPERATION REPORT 2024 / 瀚闻资讯 著. -- 北京 ：中国商务出版社, 2024.9. -- ISBN 978-7-5103-5329-1

Ⅰ. F752.731.3

中国国家版本馆CIP数据核字第2024M1D784号

中日贸易投资合作报告（2024）

瀚闻资讯　著

出版发行：中国商务出版社有限公司

地　　址：北京市东城区安定门外大街东后巷 28 号　　邮编：100710

网　　址：http://www.cctpress.com

联系电话：010-64515150（发行部）　　010-64212247（总编室）

　　　　　010-64243016（事业部）　　010-64248236（印制部）

责任编辑：韩冰

排　　版：德州华朔广告有限公司

印　　刷：北京明达祥瑞文化传媒有限责任公司

开　　本：787 毫米 × 1092 毫米　1/16

印　　张：9.25　　　　　　　　　　字　　数：183 千字

版　　次：2024 年 9 月第 1 版　　　　印　　次：2024 年 9 月第 1 次印刷

书　　号：ISBN 978-7-5103-5329-1

定　　价：158.00 元

序

　　中国与日本同为世界主要经济大国，双边经贸往来十分密切。随着中日两国经济利益的深度交融，互利合作成果丰硕。中国正积极地推进高质量的经济发展和高水平的对外开放，这为中日经贸合作提供了更多机遇。研究如何充分释放双方合作的潜力，拓展更高层次的互惠合作，显得十分必要，也尤为重要。

　　中日经贸合作蓬勃发展离不开两国地方政府的积极支持和参与。中国坚持对外开放的基本国策，以《区域全面经济伙伴关系协定》（RCEP）的落实为契机，将进一步密切与日本的经贸往来，不断发掘两国的经济优势互补点、合作增长点，以实现更高水平的互利共赢。

　　经贸合作是中日合作的"压舱石"，广大企业家在推动中日经贸及各个领域的交流合作中发挥着重要作用，把握经济全球化大趋势，深化产业协作，不断提高自身的互联、互通水平和要素配置效率，成为产业链、供应链稳定的维护者。

　　基于以上的认识，瀚闻资讯发挥自己在收集国际贸易、跨境投资领域的数据优势，长期服务于中共中央各部委、地方经贸部门、贸易投资机构，有着从事中日贸易、中国对日投资企业、日本在华企业等服务实践优势，并掌握了先进的数据分析技术。瀚闻资讯本着摸清底数、找到规律、提供思路、助力决策的想法，期望从大量的数据中找到中日贸易领域的产品特征、产业链联系，地方经贸合作的领域及行业出现了哪些新情况、新问题，以及可能存在哪些机遇，将来合作的产业方向在哪里，两国在哪些领域存在强互补关系，哪些领域可能随着外部情况的改变产生产业替代及转移，等等。同时，也就两国最近一年的互相直接投资情况，从每个企业、每个行业、每个省市都道府县，这些投资的最新、最细的颗粒度入手，进行全面梳理和总结，为投资机构、贸易投资促进机构及政府管理者提供第一手的鲜活参考资料，也为下一步工作提供思路和方向上的指导。

希望本书对读者有参考价值，因为编撰时间有限，如有错漏之处，欢迎指正。

本书由瀚闻资讯首席分析师庄天宇利用先进的分析技术编程实现，有愿意交流此项技术的，也欢迎随时通过微信公众号联系我们。

童友俊

2024年7月

目录
CONTENTS

2024

图说

2023 年中日货物贸易概况

货物贸易进出口总额

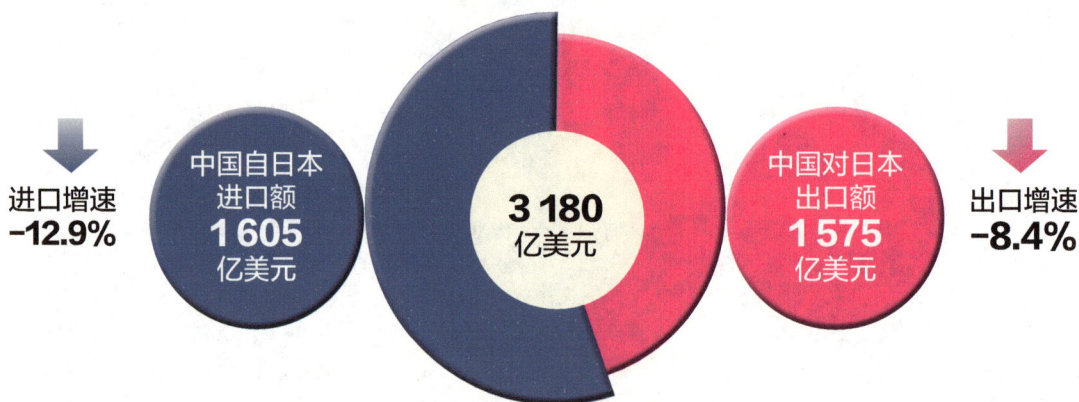

进口增速
−12.9%

中国自日本
进口额
1 605
亿美元

3 180
亿美元

中国对日本
出口额
1 575
亿美元

出口增速
−8.4%

中国自日本进口的贸易方式

一般贸易
61.5%

加工贸易
21.3%

其他贸易
1.7%

中国对日本出口的贸易方式

一般贸易
57.8%

加工贸易
32.3%

其他贸易
1.3%

中国自日本进口总额排名前五的产品

机电产品
778 亿美元

化学产品
211 亿美元

贱金属
135 亿美元

仪器仪表
125 亿美元

运输设备
122 亿美元

中国对日本出口总额排名前五的产品

机电产品
645 亿美元

纺织品及原料
167 亿美元

家具玩具
114 亿美元

化学产品
112 亿美元

贱金属
95 亿美元

中国与日本贸易总额排名前十的省（直辖市）

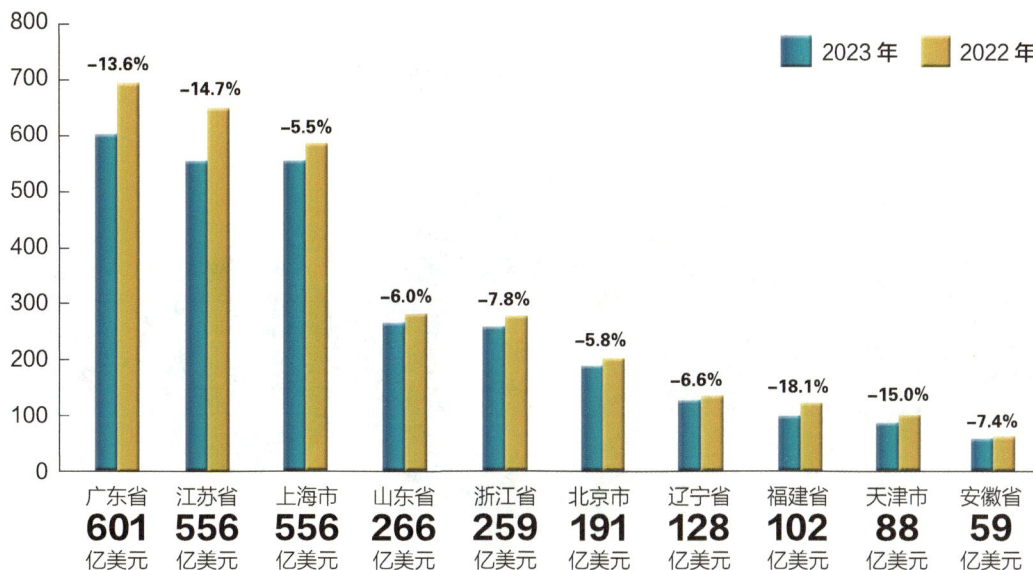

图例：■ 2023 年　■ 2022 年

	广东省	江苏省	上海市	山东省	浙江省	北京市	辽宁省	福建省	天津市	安徽省
变化	−13.6%	−14.7%	−5.5%	−6.0%	−7.8%	−5.8%	−6.6%	−18.1%	−15.0%	−7.4%
亿美元	601	556	556	266	259	191	128	102	88	59

数据来源：中国海关。

日本与中国贸易总额排名前十的都、府、县

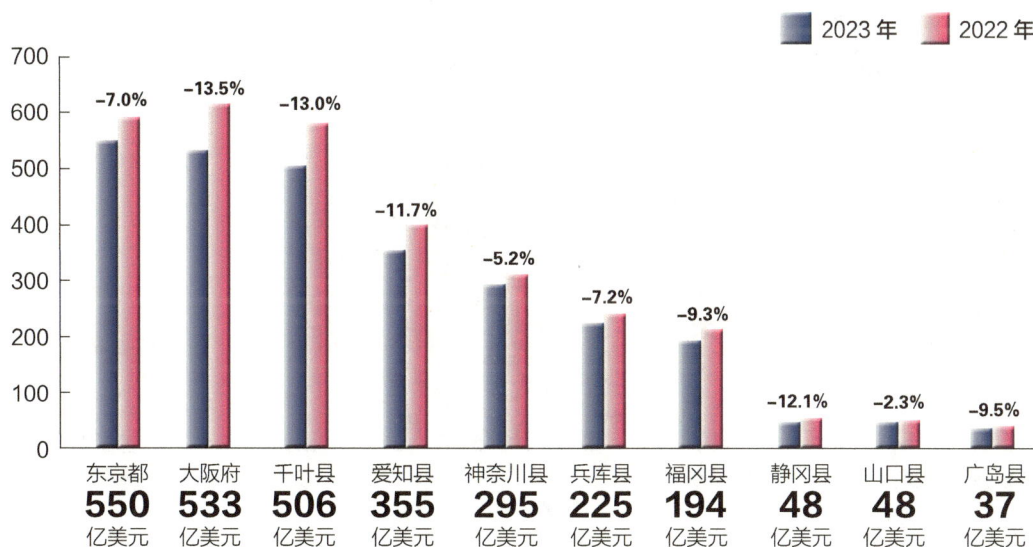

图例：■ 2023 年　■ 2022 年

	东京都	大阪府	千叶县	爱知县	神奈川县	兵库县	福冈县	静冈县	山口县	广岛县
变化	−7.0%	−13.5%	−13.0%	−11.7%	−5.2%	−7.2%	−9.3%	−12.1%	−2.3%	−9.5%
亿美元	550	533	506	355	295	225	194	48	48	37

数据来源：日本海关。

2022 年中日服务贸易概况

服务贸易进出口总额

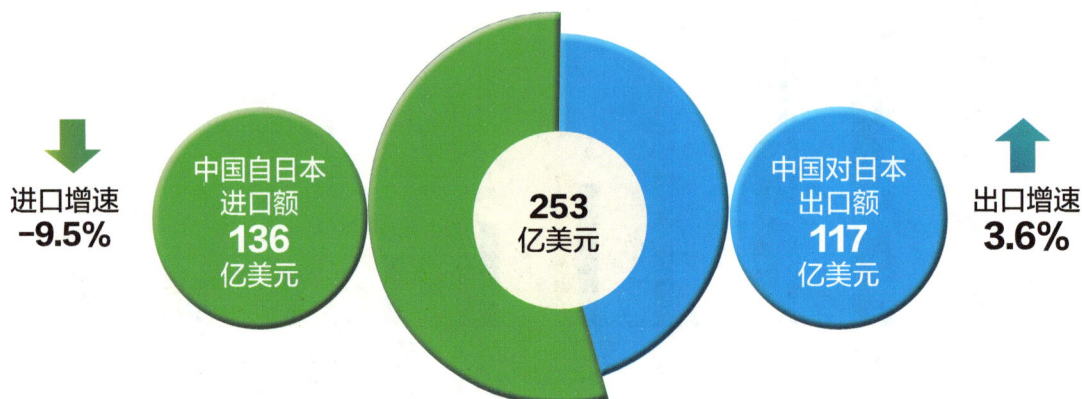

进口增速
-9.5%

中国自日本
进口额
136
亿美元

253
亿美元

中国对日本
出口额
117
亿美元

出口增速
3.6%

中国自日本进口的主要领域

知识产权使用费
54 亿美元

运输
33 亿美元

旅行
20 亿美元

其他商业服务
20 亿美元

中国对日本出口的主要领域

其他商业服务
58 亿美元

运输
20 亿美元

电信、计算机和
信息服务
17 亿美元

旅行
6 亿美元

加工服务
5 亿美元

2023 年中日投资概况

中国对日本直接投资 **4.0** 亿美元

中国对日本直接投资额排名前五的行业

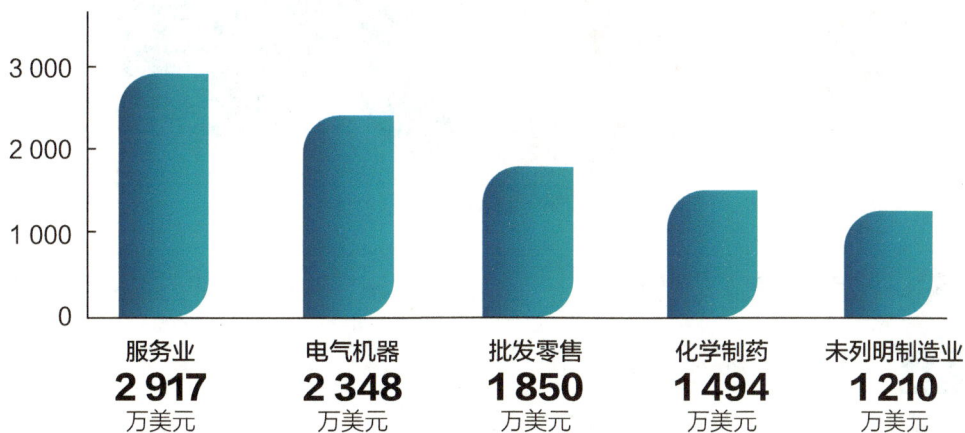

	服务业	电气机器	批发零售	化学制药	未列明制造业
	2 917 万美元	**2 348** 万美元	**1 850** 万美元	**1 494** 万美元	**1 210** 万美元

日本对中国直接投资 **28.0** 亿美元

日本对中国直接投资额排名前五的行业

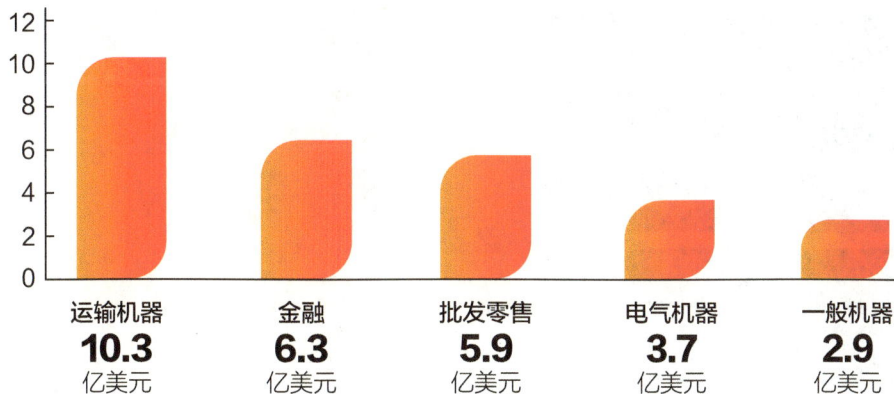

	运输机器	金融	批发零售	电气机器	一般机器
	10.3 亿美元	**6.3** 亿美元	**5.9** 亿美元	**3.7** 亿美元	**2.9** 亿美元

2023 年日本对外货物贸易概况

货物贸易进出口总额

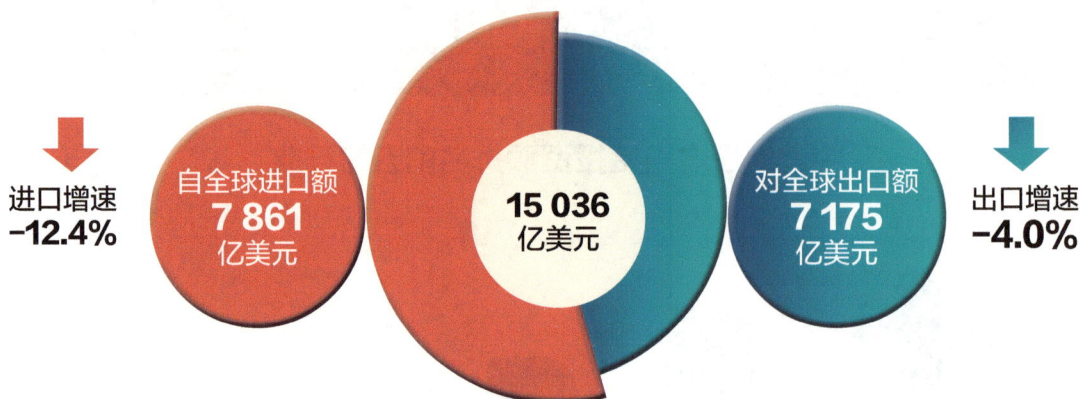

进口增速 **-12.4%**

自全球进口额 **7 861** 亿美元

15 036 亿美元

对全球出口额 **7 175** 亿美元

出口增速 **-4.0%**

进口额排名前五的市场比重

市场	比重
中国内地	22.1%
美国	10.5%
澳大利亚	8.3%
阿联酋	4.7%
中国台湾	5.5%

出口额排名前五的市场比重

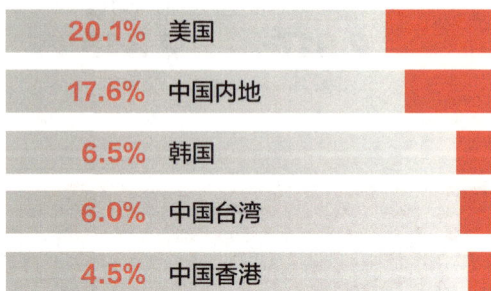

比重	市场
20.1%	美国
17.6%	中国内地
6.5%	韩国
6.0%	中国台湾
4.5%	中国香港

进口额排名前五的产品

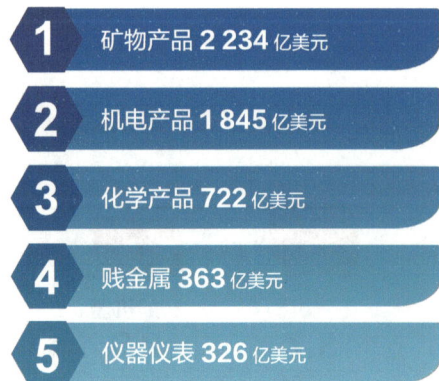

1. 矿物产品 **2 234** 亿美元
2. 机电产品 **1 845** 亿美元
3. 化学产品 **722** 亿美元
4. 贱金属 **363** 亿美元
5. 仪器仪表 **326** 亿美元

出口额排名前五的产品

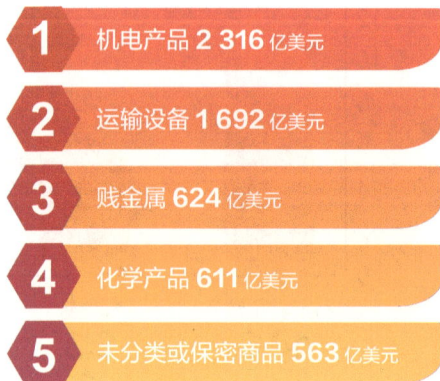

1. 机电产品 **2 316** 亿美元
2. 运输设备 **1 692** 亿美元
3. 贱金属 **624** 亿美元
4. 化学产品 **611** 亿美元
5. 未分类或保密商品 **563** 亿美元

2023 年日本对外投资概况

日本对外投资额排名前五的大行业

1	批发和零售业 383.1 亿美元
2	金融和保险业 294.2 亿美元
3	化学制药 189.2 亿美元
4	矿业 165.1 亿美元
5	房地产 92.5 亿美元

对外直接投资达 1 839.7 亿美元

日本对外投资额排名前五的大区域

1	北美洲 722.3 亿美元
2	欧洲 480.1 亿美元
3	亚洲 301.2 亿美元
4	大洋洲 185.1 亿美元
5	拉丁美洲 126.8 亿美元

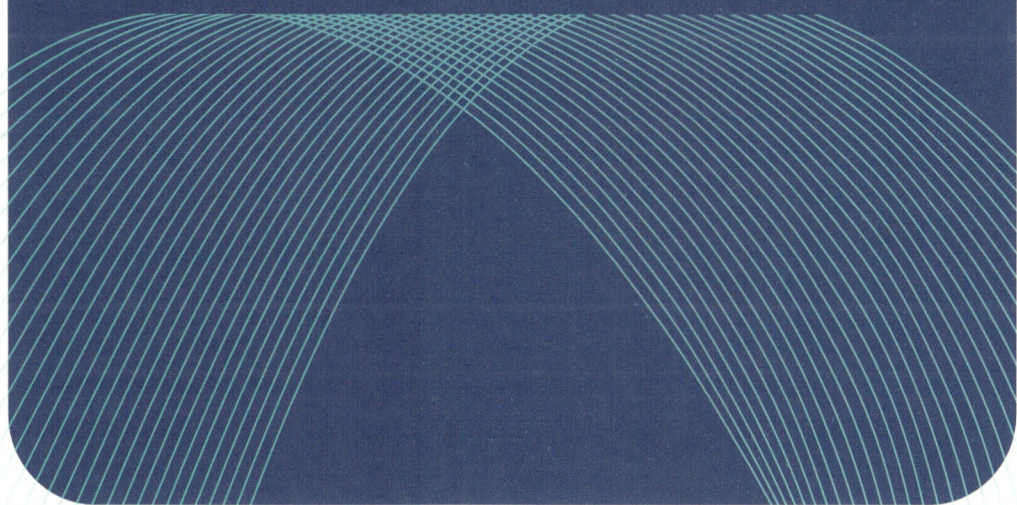

2024
贸易篇

一、中日货物贸易合作

由于受通货膨胀、地缘冲突、保护主义等因素的叠加影响，2023年全球经贸持续处于不景气、不确定性状态，经济复苏举步维艰。在此背景下，2023年，中日双边货物贸易进出口总额实现了3 179.99亿美元，同比下降10.73%，延续了2022年下滑态势。其中，中国对日本出口同比下降8.41%，进口下降12.89%，但贸易规模仍处于近10年高位。从日方统计来看，中国依然是日本最大贸易伙伴、重要的进口和出口对象国。危机下凸显中日经贸合作的重要性。

中日贸易结构和质量等方面出现新的变化和特点。第一，机电产品是中日贸易往来的主要产品，两国的产业内贸易已处于较高水平；中国对日本出口是以机电产品、纺织服装、家具玩具等为主，其中机电产品占比为41.0%；中国自日本进口是以机电产品、化学产品、贱金属等为主。第二，中日双方产业结构互补，中国纺织服装、家具玩具、食品饮料、鞋帽制品等对日贸易总体处于顺差，而机电产品、化学产品、仪器仪表、运输设备等对日贸易总体处于逆差。第三，随着RCEP正式生效，中方加快推进RCEP落地实施，改善营商环境，促进高水平对外开放，中日货物贸易收支不平衡状态不断改善。

面对逆全球化带来的不确定性，中日两国加强经贸合作符合两国及地区利益。当前，世界经济衰退风险仍存，全球经济增速放缓，地缘政治冲突加剧，金融债务风险仍处于高位，中日均面临防范风险、促进增长的课题。基于共同需求和共同利益，中日两国应继续深化务实合作，探索协作互利共赢的新路径。

（一）中日货物贸易规模

1. 中国与日本进出口规模分析

2023年，中国与日本进出口金额为3 179.99亿美元，同比下降10.73%，延续2022年下滑趋势。近5年来，中国与日本进出口加速下降，年均下降0.60%，低于长期平均增速。长期来看，2005—2023年中国与日本进出口金额年均增长3.07%，呈现先升后降趋势，峰值出现于2021年（见图1-1）。

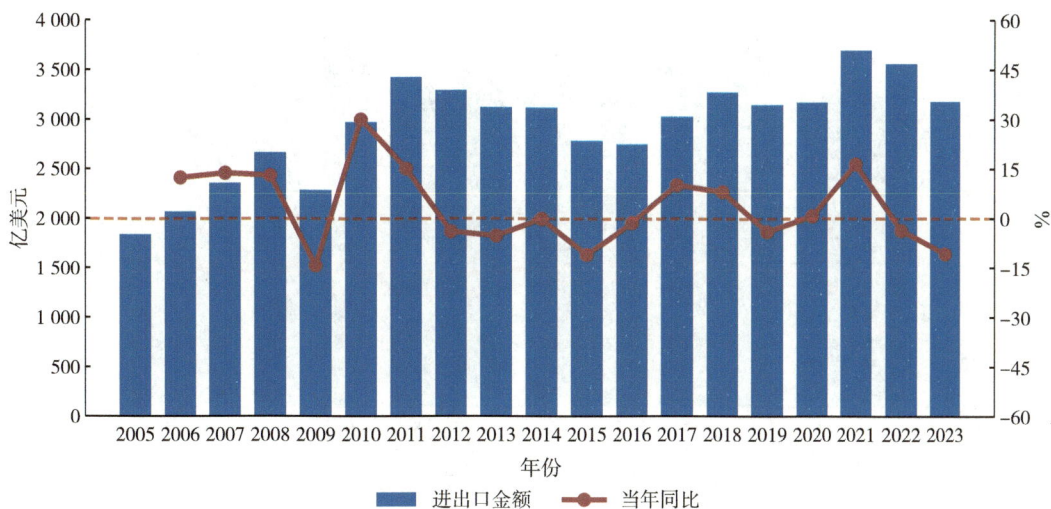

图 1-1　2005—2023 年中国与日本进出口金额走势

数据来源：瀚闻资讯。

2023 年中国对日本贸易逆差为 29.52 亿美元，连续多年保持贸易逆差格局（见图 1-2）。

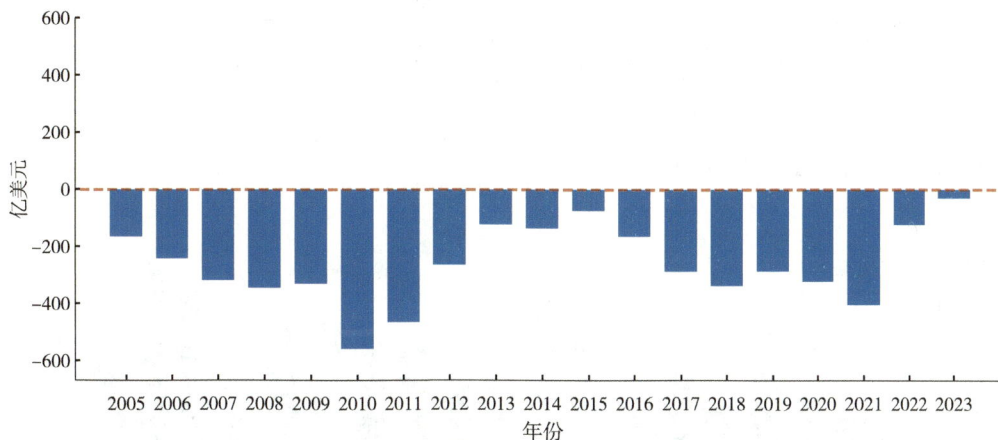

图 1-2　2005—2023 年中国对日本贸易平衡情况

数据来源：瀚闻资讯。

从月度走势来看，2023 年 1—12 月中国与日本进出口金额呈现先升后降态势，其中谷值出现于 2 月，为 247.82 亿美元；峰值出现于 3 月，为 291.29 亿美元。具体来看，2023 年 1—2 月，进出口金额为 497.55 亿美元，较 2022 年同期下降 13.00%；2023 年 1—6 月，进出口金额为 1 566.72 亿美元，较 2022 年同期下降 11.24%；2023 年全年，进出口金额最终达 3 179.99 亿美元，较 2022 年下降 10.73%（见图 1-3）。

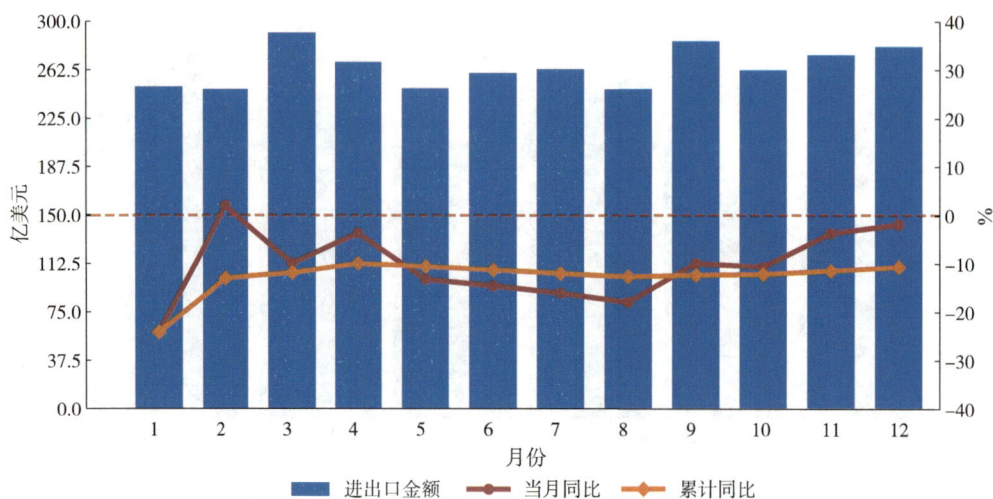

图 1-3　2023 年中国与日本进出口金额月度走势

数据来源：瀚闻资讯。

2. 中国对日本出口规模分析

2023年，中国对日本出口金额为 1 575.24 亿美元，同比下降 8.41%，未能延续 2022 年增长态势。近 5 年来，中国对日本出口增速放缓，年均增长 1.39%，低于长期平均增速。从长期来看，2005—2023 年中国对日本出口金额年均增长 3.56%，呈现先升后降趋势，峰值出现于 2022 年（见图 1-4）。

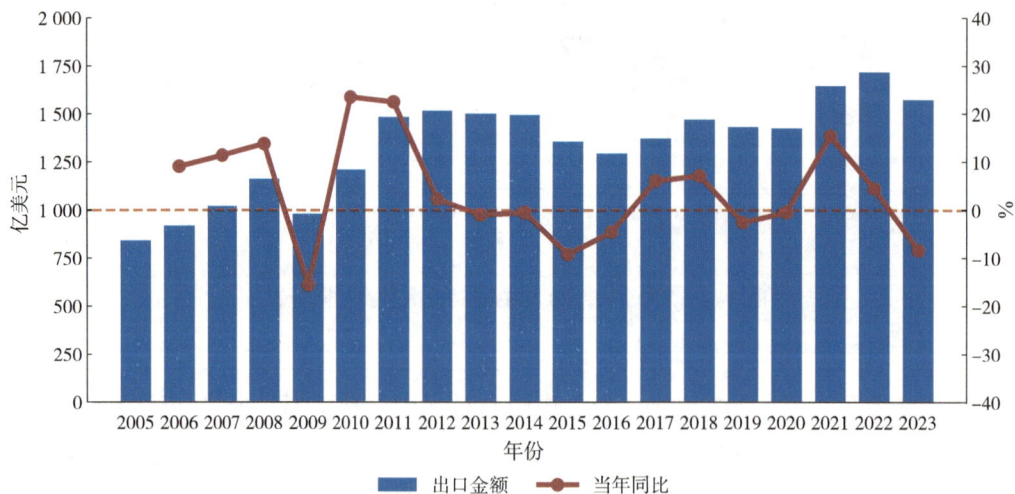

图 1-4　2005—2023 年中国对日本出口金额走势

数据来源：瀚闻资讯。

从月度走势来看（见图 1-5），2023 年 1—12 月中国对日本出口金额呈现先降后升趋势，谷值出现于 8 月，为 119.58 亿美元；峰值出现于 1 月，为 142.33 亿美元。具体来看，2023年1—2月，出口金额为264.45亿美元，较2022年同期下降1.46%；2023年1—6月，出口金额为791.26亿美元，较2022年同期下降4.60%；2023年，出口金额最终达1 575.24亿美元，较2022年下降8.41%。

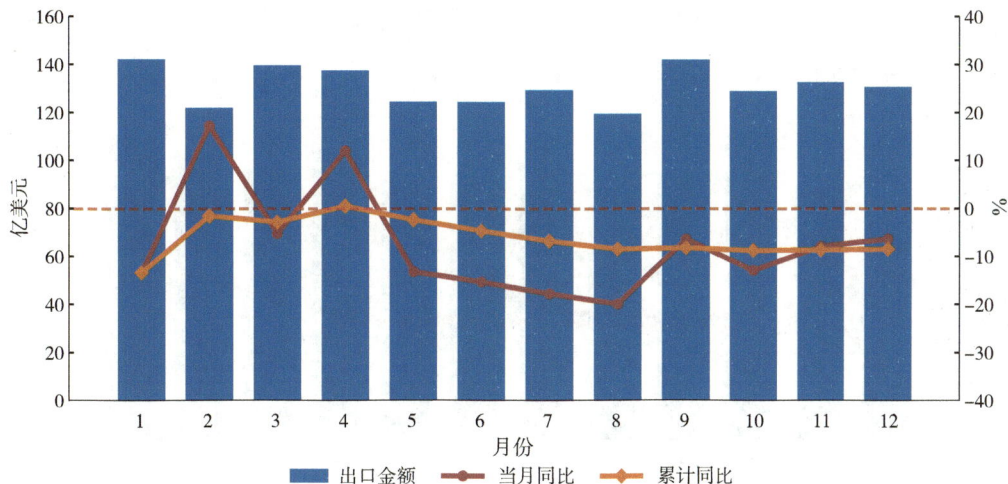

图 1-5　2023 年中国对日本出口金额的月度走势

数据来源：瀚闻资讯。

3. 中国自日本进口规模分析

2023年，中国自日本进口金额为1 604.75亿美元，同比下降12.89%，延续2022年下滑趋势。近5年来，中国自日本进口加速下降，年均下降2.34%，低于长期平均增速。从长期来看，2005—2023年中国自日本进口年均增长2.64%，呈现先升后降趋势，峰值出现于2021年（见图1-6）。

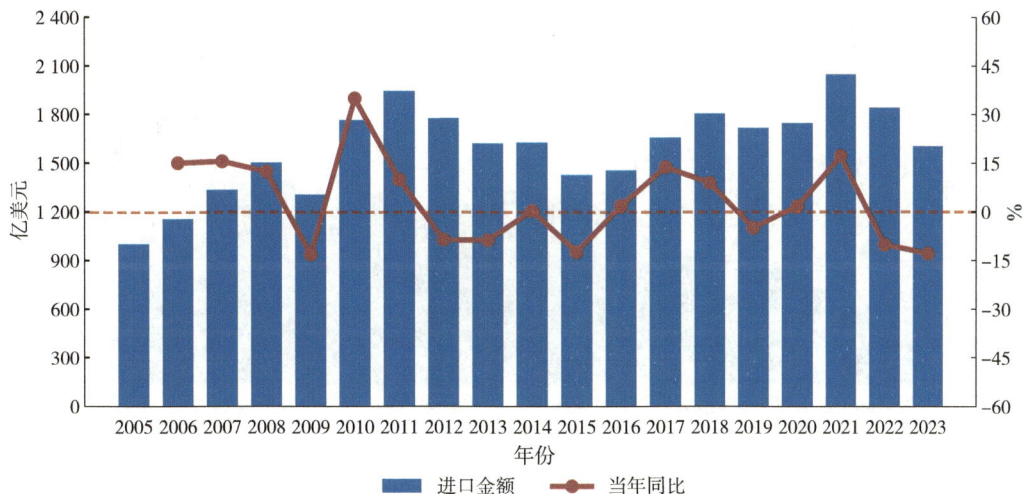

图 1-6　2005—2023 年中国自日本进口金额走势

数据来源：瀚闻资讯。

从月度走势来看（见图1-7），2023年1—12月中国自日本进口金额呈现先升后降趋势，谷值出现于1月，为107.40亿美元；峰值出现于3月，为151.47亿美元。具体来看，2023年1—2月，进口金额为233.10亿美元，较2022年同期下降23.20%；2023年1—6月，进口金额为775.46亿美元，较2022年同期下降17.12%；2023年，进口金额最终达1 604.75亿美元，较2022年下降12.89%。

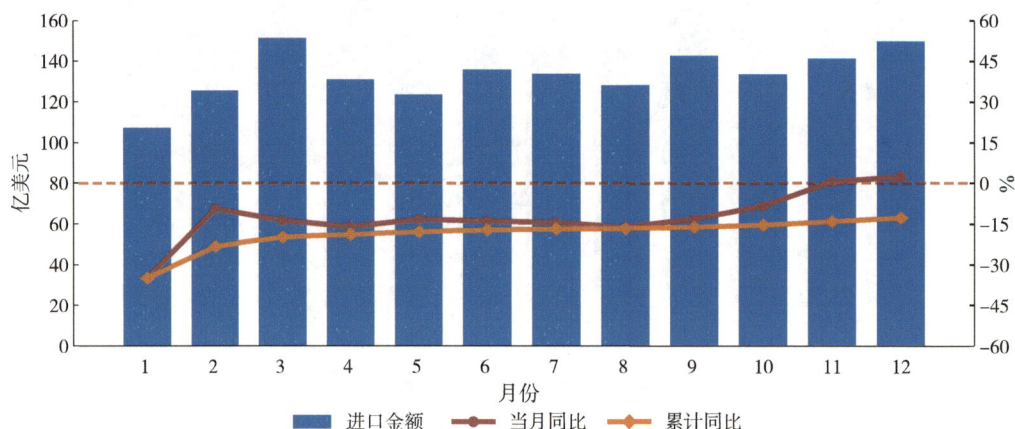

图1-7　2023年中国自日本进口金额月度走势

数据来源：瀚闻资讯。

4. 中国进出口规模分析

2023年，中国与全球进出口金额为59 368.26亿美元，同比下降5.03%，未能延续2022年增长态势。近5年来，中国与全球进出口增速放缓，年均增长5.13%，低于长期平均增速。从长期来看，2005—2023年中国与全球进出口年均增长8.26%，呈现先升后降趋势，峰值出现于2022年（见图1-8）。

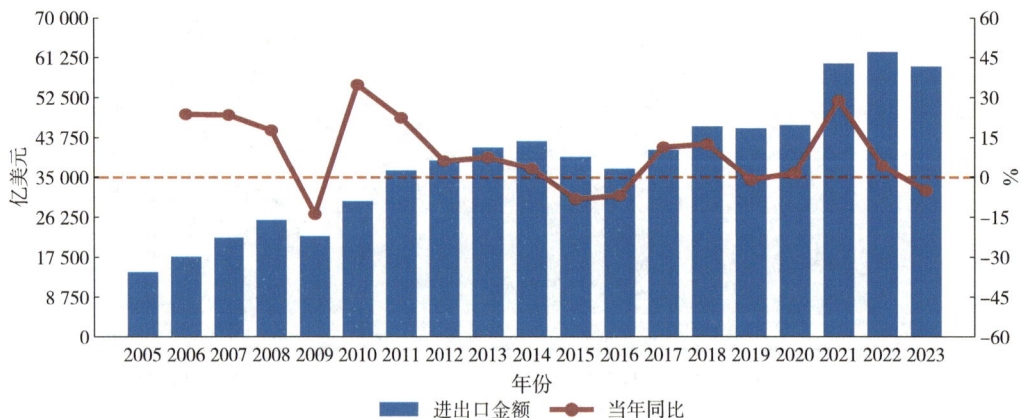

图1-8　2005—2023年中国与全球进出口金额走势

数据来源：瀚闻资讯。

2023年中国对全球贸易顺差为8 232.23亿美元,连续多年保持贸易顺差格局(见图1-9)。

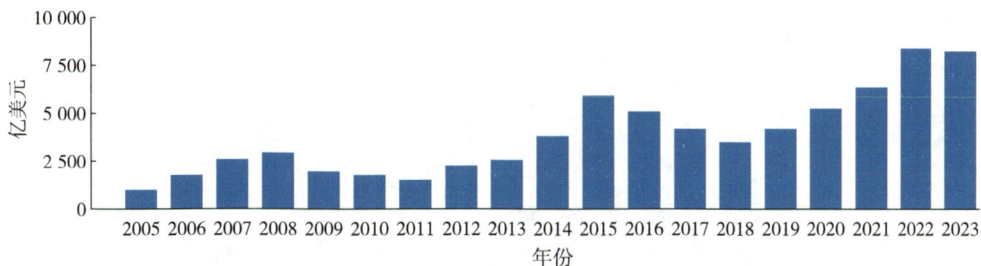

图1-9　2005—2023年中国对全球贸易平衡情况

数据来源:瀚闻资讯。

2023年,中国进出口排名前十的贸易伙伴依次为美国、日本、韩国、中国香港、中国台湾、俄罗斯、越南、澳大利亚、德国、马来西亚(见图1-10)。

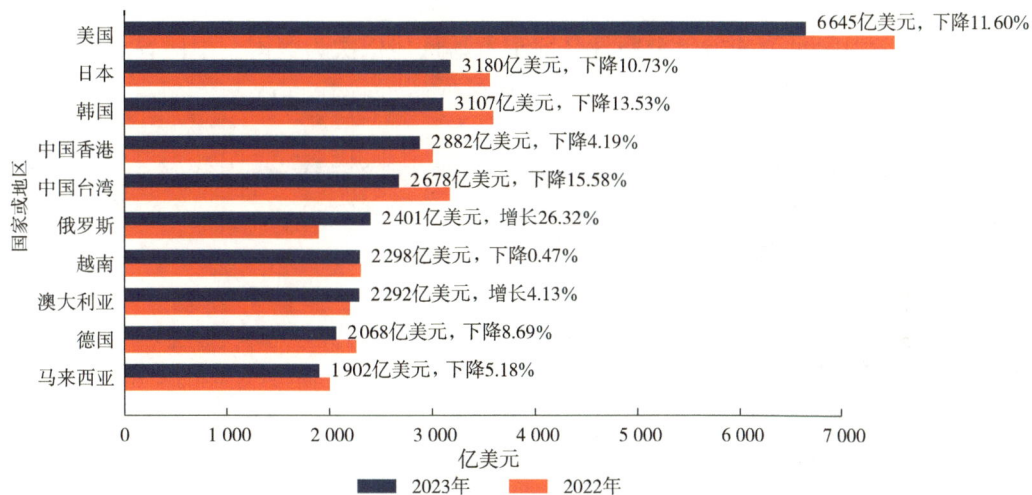

图1-10　2023年中国与全球进出口金额排名前十的贸易伙伴

数据来源:瀚闻资讯。

5.中国出口规模分析

2023年,中国对全球出口金额为33 800.24亿美元,同比下降4.64%,未能延续2022年增长态势。近5年来,中国对全球出口增速放缓,年均增长6.33%,低于长期平均增速。从长期来看,2005—2023年中国对全球出口年均增长8.63%,呈现先升后降趋势,峰值出现于2022年(见图1-11)。

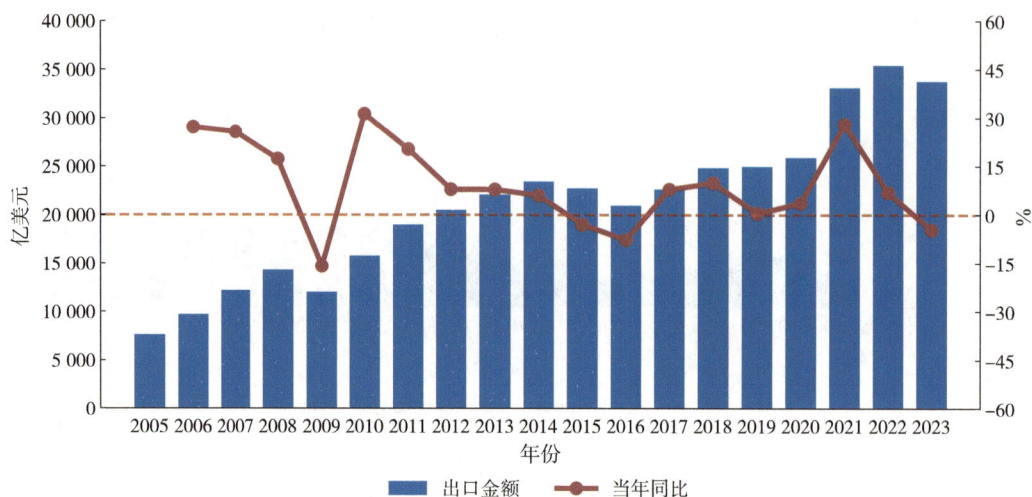

图 1-11　2005—2023 年中国对全球出口金额走势

数据来源：瀚闻资讯。

2023年，中国对全球出口金额排名前十贸易伙伴依次为美国、中国香港、日本、韩国、越南、印度、俄罗斯、德国、荷兰、马来西亚（见图1-12）。

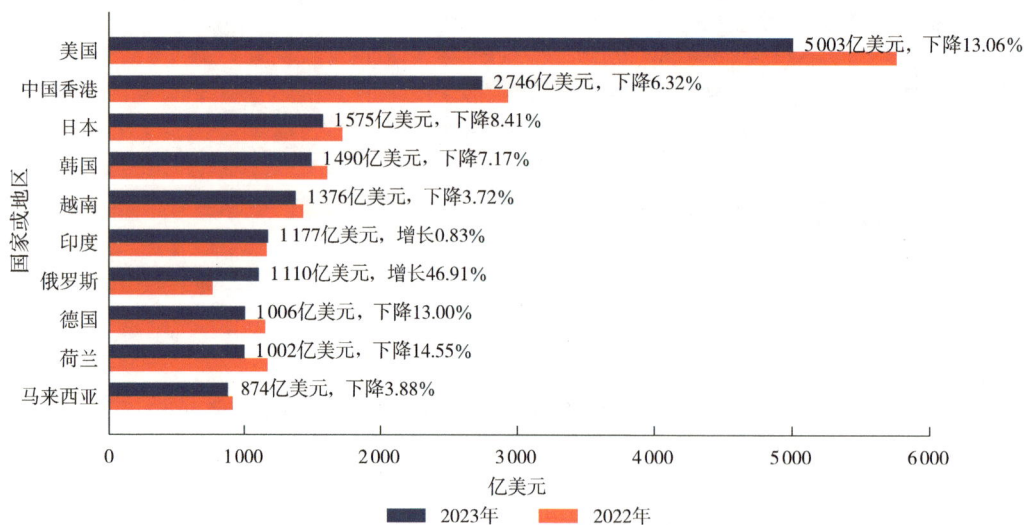

图 1-12　2023 年中国对全球出口金额排名前十的贸易伙伴

数据来源：瀚闻资讯。

6. 中国进口规模分析

2023年，中国自全球进口金额为25 568.02亿美元，同比下降5.53%，未能延续2022年增长态势。近5年来，中国自全球进口增速放缓，年均增长3.66%，低于长期平均增速。从长期来看，2005—2023年中国自全球进口年均增长7.81%，呈现先升后降趋势，峰值出现于2022年（见图1-13）。

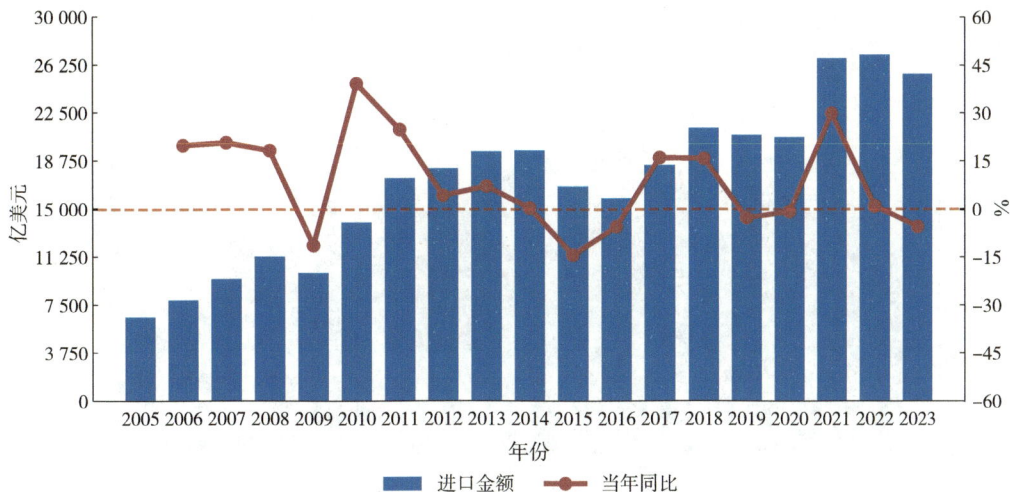

图 1-13　2005—2023 年中国自全球进口金额走势

数据来源：瀚闻资讯。

2023年，中国自全球进口金额排名前十位的贸易伙伴依次为中国台湾、美国、韩国、日本、澳大利亚、俄罗斯、巴西、德国、马来西亚、越南（见图1-14）。

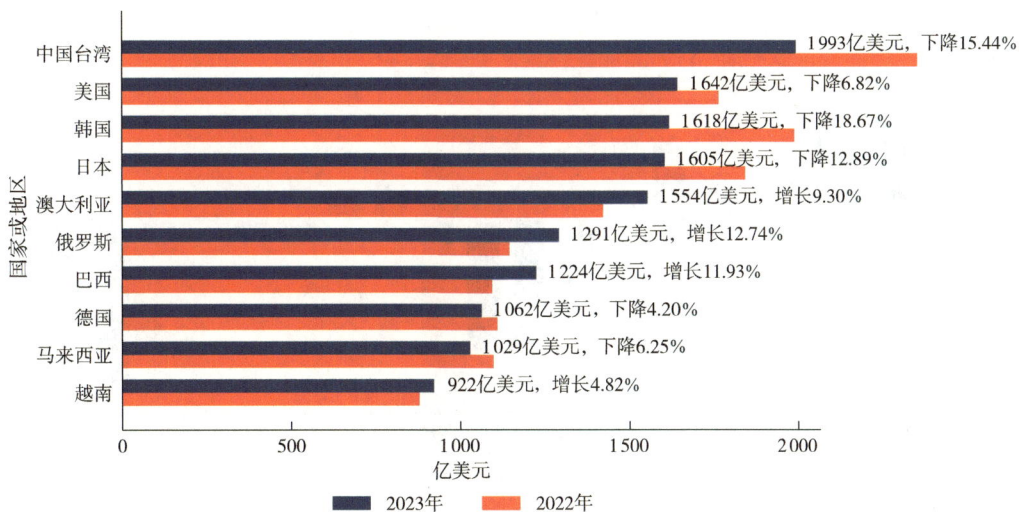

图 1-14　2023 年中国自全球进口金额排名前十的贸易伙伴

数据来源：瀚闻资讯。

7. 日本进出口规模分析

2023年，日本与全球进出口金额为15 035.60亿美元，同比下降8.59%，未能延续2022年增长态势。近5年来，日本与全球进出口增速放缓，年均增长0.23%，低于长期平均增速。从长期来看，2005—2023年日本与全球进出口年均增长1.69%，呈现先升后降趋势，峰值出现于2012年（见图1-15）。

图1-15　2005—2023年日本与全球进出口金额走势

数据来源：瀚闻资讯。

2023年日本对全球贸易逆差为685.42亿美元，连续3年保持贸易逆差格局（见图1-16）。

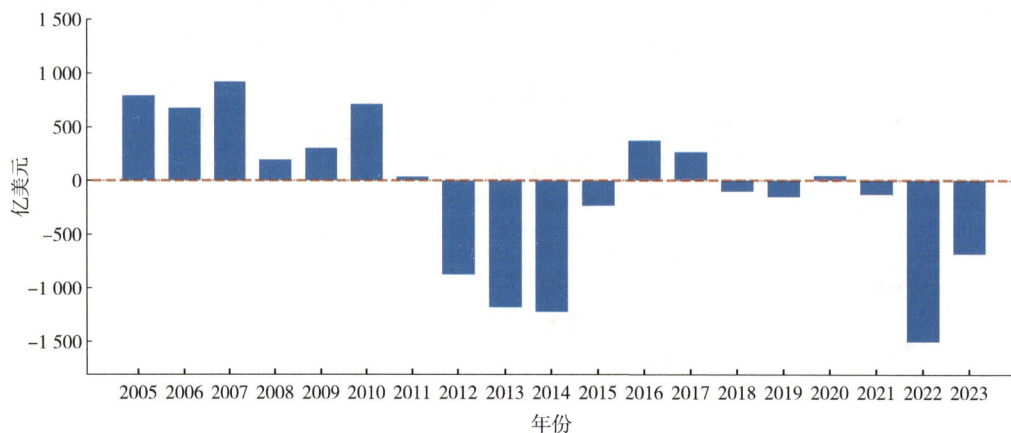

图1-16　2005—2023年日本对全球贸易平衡情况

数据来源：瀚闻资讯。

2023年，日本与全球进出口金额排名前十贸易伙伴依次为中国、美国、澳大利亚、中国台湾、韩国、泰国、阿联酋、越南、德国、沙特阿拉伯（见图1-17）。

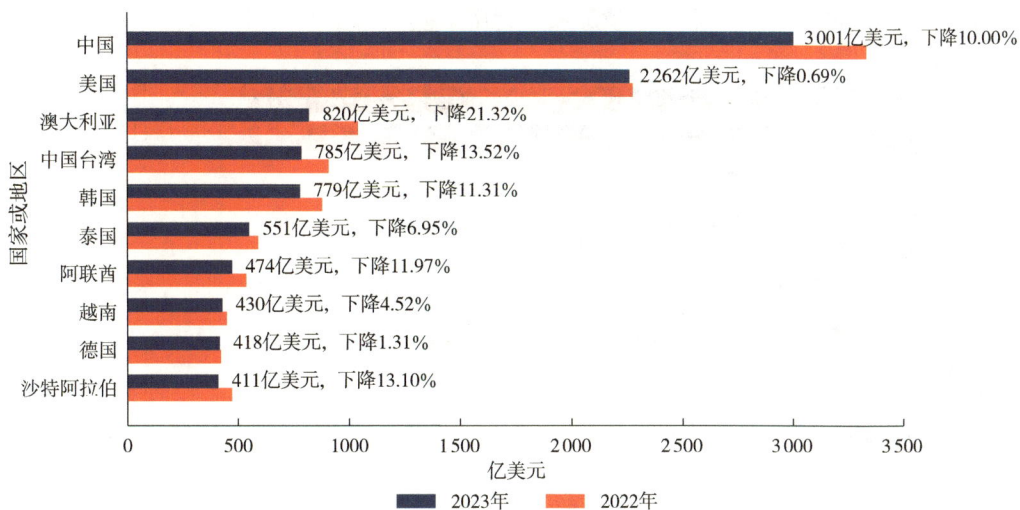

图 1-17　2023 年日本与全球进出口金额排名前十位的贸易伙伴

数据来源：瀚闻资讯。

8. 日本出口规模分析

2023 年，日本对全球出口金额为 7 175.09 亿美元，同比下降 3.98%，延续 2022 年下滑趋势。近 5 年来，日本对全球出口加速下滑，年均下降 0.57%，低于长期平均增速。从长期来看，2005—2023 年日本对全球出口年均增长 1.04%，呈现先升后降态势，峰值出现于 2011 年（见图 1-18）。

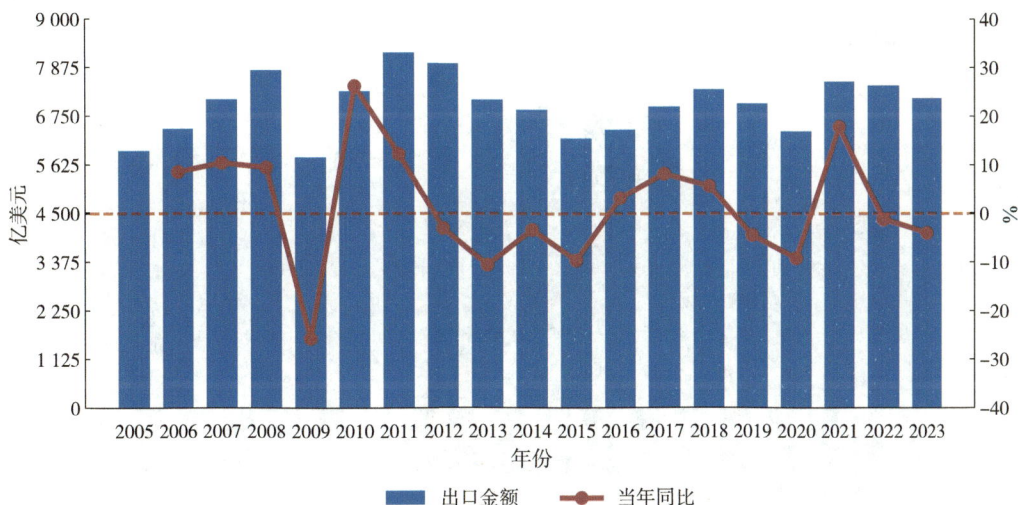

图 1-18　2005—2023 年日本对全球出口金额走势

数据来源：瀚闻资讯。

2023 年，日本对全球出口金额排名前十的贸易伙伴依次为美国、中国、韩国、中国台湾、中国香港、泰国、德国、新加坡、越南、澳大利亚（见图1-19）。

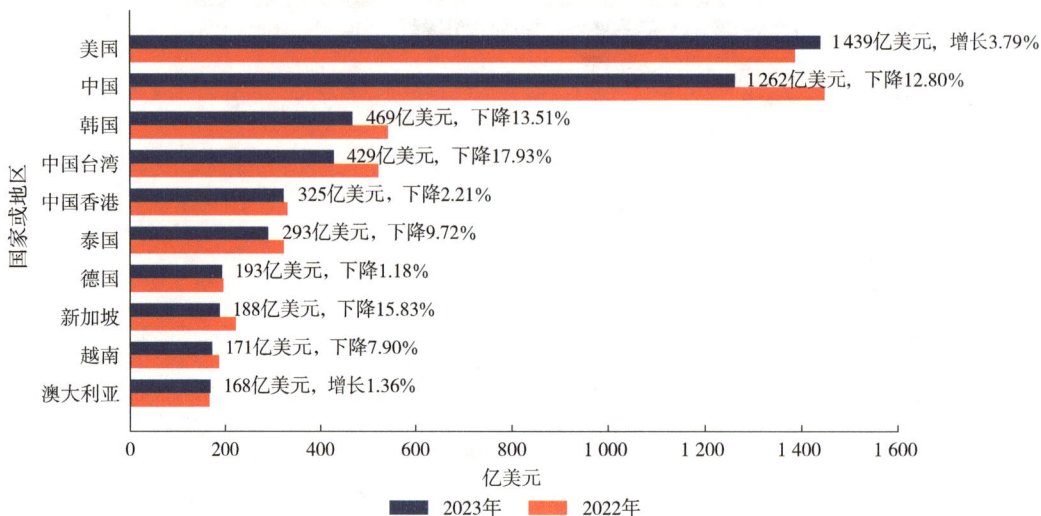

图中数据标注：
- 美国：1 439亿美元，增长3.79%
- 中国：1 262亿美元，下降12.80%
- 韩国：469亿美元，下降13.51%
- 中国台湾：429亿美元，下降17.93%
- 中国香港：325亿美元，下降2.21%
- 泰国：293亿美元，下降9.72%
- 德国：193亿美元，下降1.18%
- 新加坡：188亿美元，下降15.83%
- 越南：171亿美元，下降7.90%
- 澳大利亚：168亿美元，增长1.36%

图 1-19　2023 年日本对全球出口金额排名前十位的贸易伙伴

数据来源：瀚闻资讯。

9. 日本进口规模分析

2023年，日本自全球进口金额为7 860.51亿美元，同比下降12.43%，未能延续2022年增长趋势。近5年来，日本自全球进口增速放缓，年均增长0.98%，低于长期平均增速。从长期来看，2005—2023年日本自全球进口年均增长2.36%，呈现先升后降趋势，峰值出现于2022年（见图1-20）。

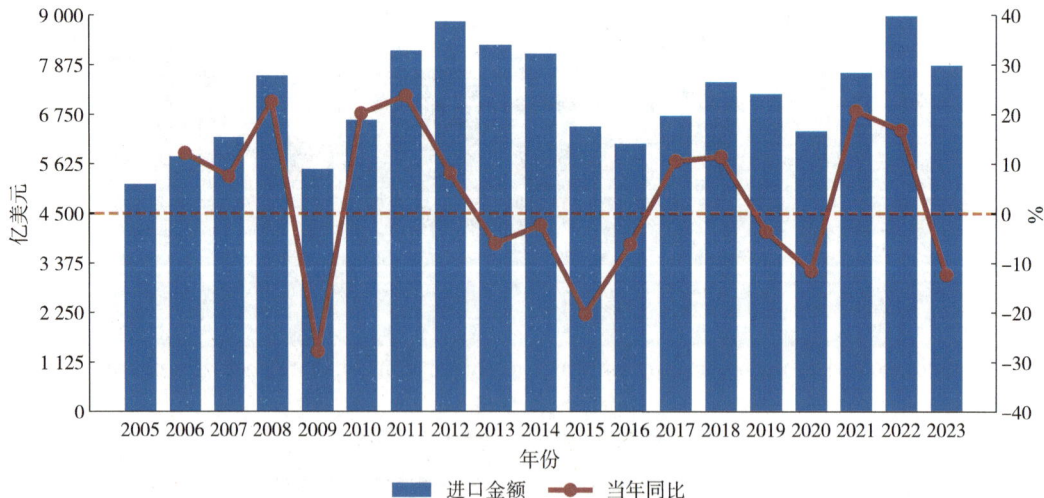

图 1-20　2005—2023 年日本自全球进口金额走势

数据来源：瀚闻资讯。

2023年，日本自全球进口金额排名前十的贸易伙伴依次为中国、美国、澳大利亚、阿联酋、中国台湾、沙特阿拉伯、韩国、越南、泰国、印度尼西亚（见图1-21）。

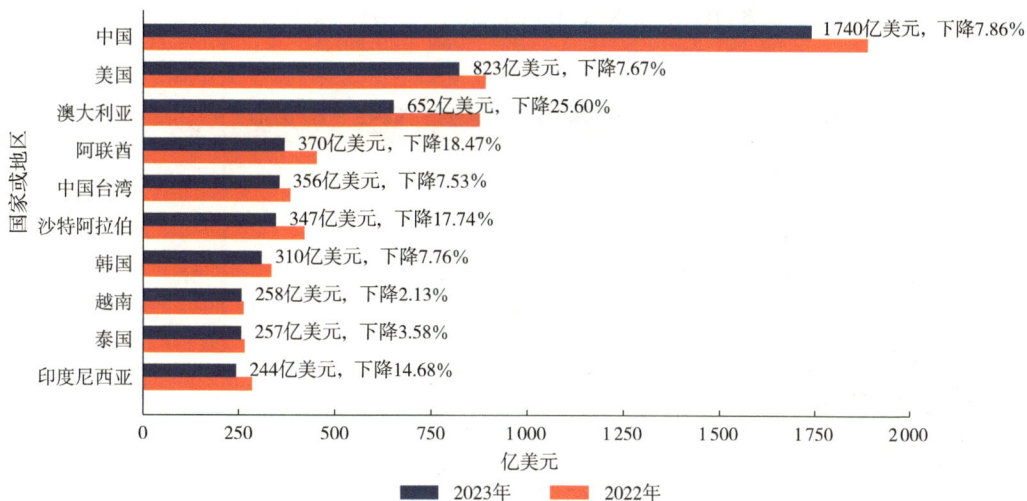

图1-21　2023年日本自全球进口金额排名前十的贸易伙伴

数据来源：瀚闻资讯。

（二）中日货物贸易结构

1. 中国与日本进出口贸易的结构分析

2023年，中国与日本进出口主要商品大类分别为机电产品（84～85章）、化学产品（28～38章）、贱金属（72～83章）、运输设备（86～89章）、纺织服装（50～63章）、仪器仪表（90～92章）、塑料橡胶（39～40章）（见图1-22）。主要商品大类进出口金额合计为2 701.32亿美元，合计占比为84.95%。

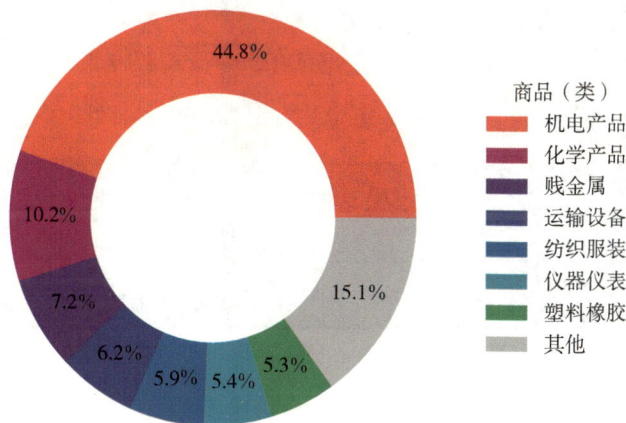

图1-22　2023年中国与日本进出口主要商品大类占比

数据来源：瀚闻资讯。

2023年，在主要商品大类中，进出口同比下降最多的为贱金属（72～83章），同比下降17.58%，金额为230亿美元；其次为化学产品（28～38章），同比下降14.71%，金额为323.65亿美元；再次为纺织服装（50～63章），同比下降13.16%，金额为188亿美元（见图1-23）。

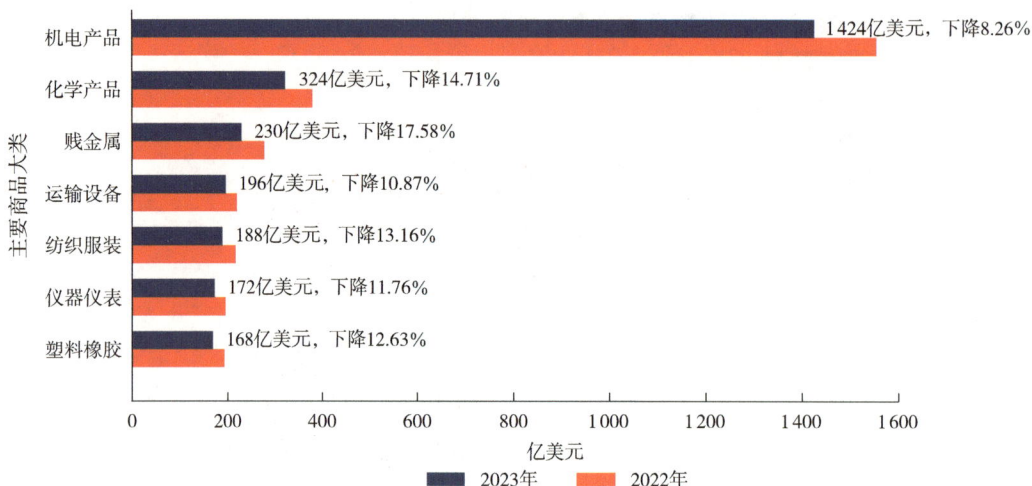

图1-23 2023年中国与日本进出口主要商品大类增速

数据来源：瀚闻资讯。

从历史趋势来看，中国与日本进出口主要商品大类2022年占比较2023年减少23个百分点，较2012年减少1.27%（见图1-24），进出口绝对值较2022年减少332.61亿美元，较2012年减少139.90亿美元。其中，机电产品进出口比重总体呈现扩张的趋势（见图1-25）。

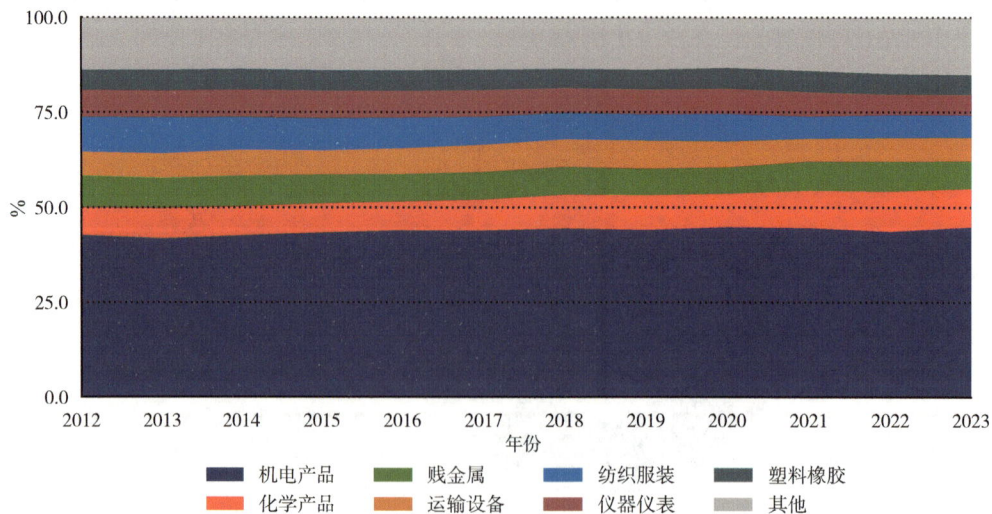

图1-24 2012—2023年中国与日本进出口主要商品大类占比走势

数据来源：瀚闻资讯。

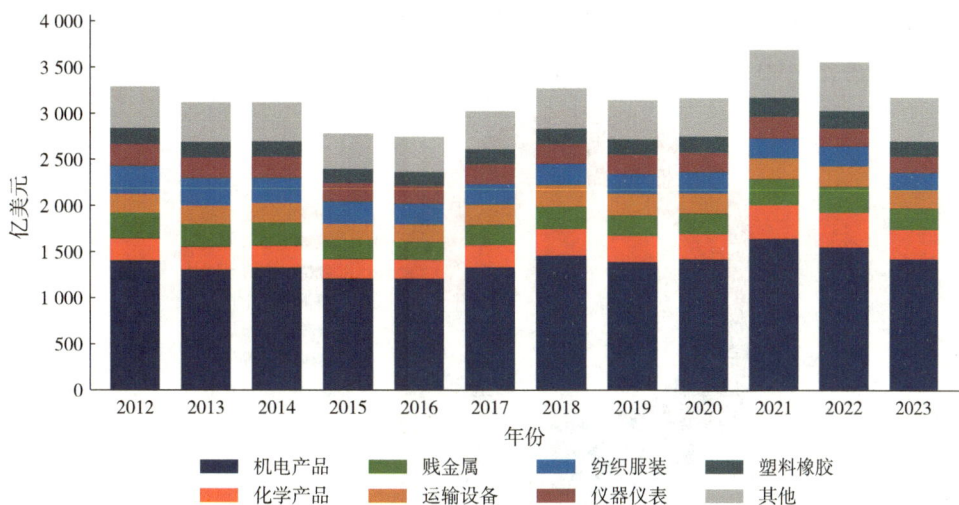

图 1-25　2012—2023 年中国与日本进出口主要商品大类金额走势
数据来源：瀚闻资讯。

从贸易平衡来看，纺织服装、家具玩具、食品饮料、矿物产品、鞋帽制品等保持较大顺差，塑料橡胶、运输设备、仪器仪表、化学产品、机电产品等保持较大逆差（见图 1-26）。

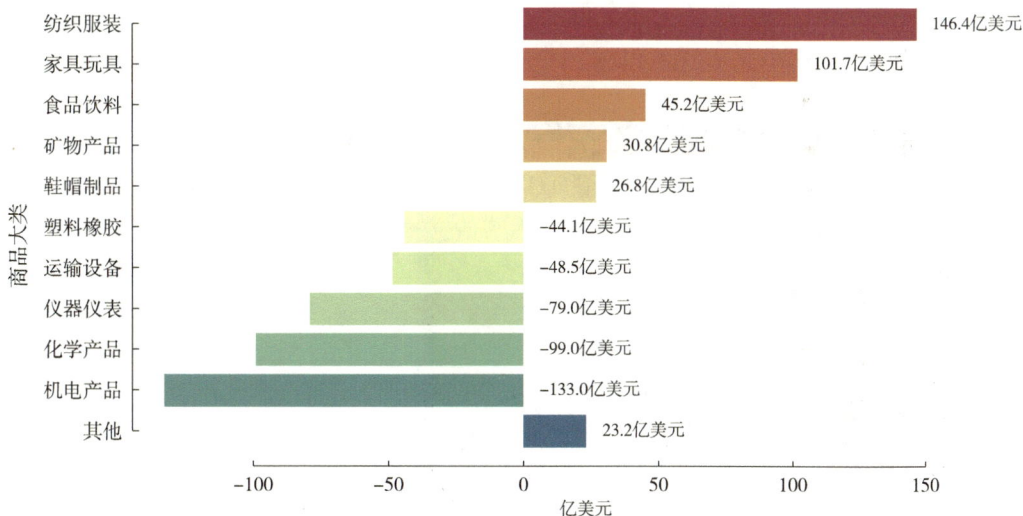

图 1-26　2023 年中国与日本进出口按商品大类统计贸易平衡情况
数据来源：瀚闻资讯。

2. 中国对日本出口贸易的结构分析

2023年，中国对日本出口主要商品大类分别为机电产品（84～85章）、纺织服装（50～63章）、家具玩具（94～96章）、化学产品（28～38章）、贱金属（72～83章）、运输设备（86～89章）、塑料橡胶（39～40章）。主要商品大类出口金额合计为1 269.57亿美元，合计占比为80.60%（见图1-27）。

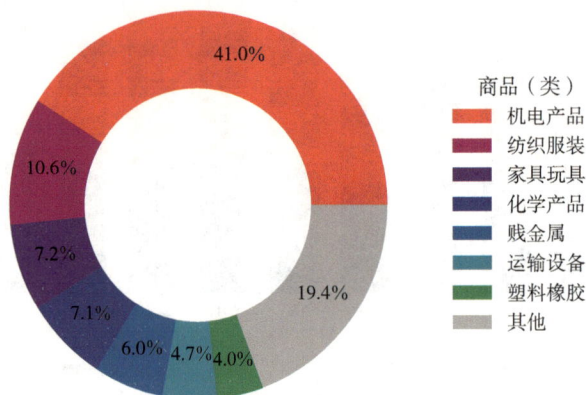

图1-27　2023年中国对日本出口主要商品大类的占比

数据来源：瀚闻资讯。

2023年，在主要商品大类中，出口实现正增长的是运输设备（86～89章），同比增长21.40%，下降金额为73.58亿美元。出口同比下降最多的为化学产品（28～38章），同比下降17.79%，下降金额为112.32亿美元；其次为贱金属（72～83章），同比下降17.04%，下降金额为94.77亿美元；再次为纺织服装（50～63章），同比下降14.17%，下降金额为167.28亿美元（见图1-28）。

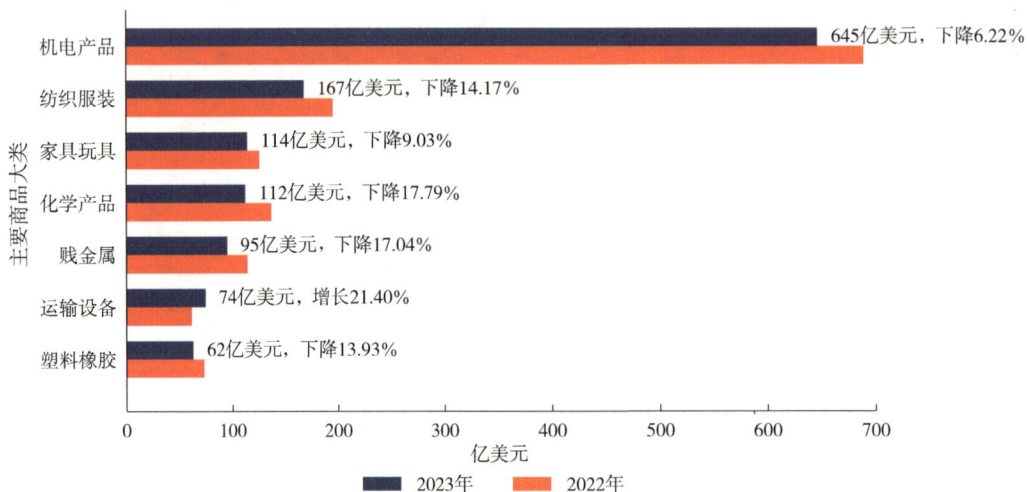

图1-28　2023年中国对日本出口主要商品大类增速

数据来源：瀚闻资讯。

从历史趋势来看（见图1-29），2023年，中国对日本出口主要商品大类占比较2022年减少0.35%，较2012年增加2.14%，出口绝对值较2022年减少了122.62亿美元，较

2012年增加了79.88亿美元。其中，"运输设备"出口比重总体呈现扩张的趋势。

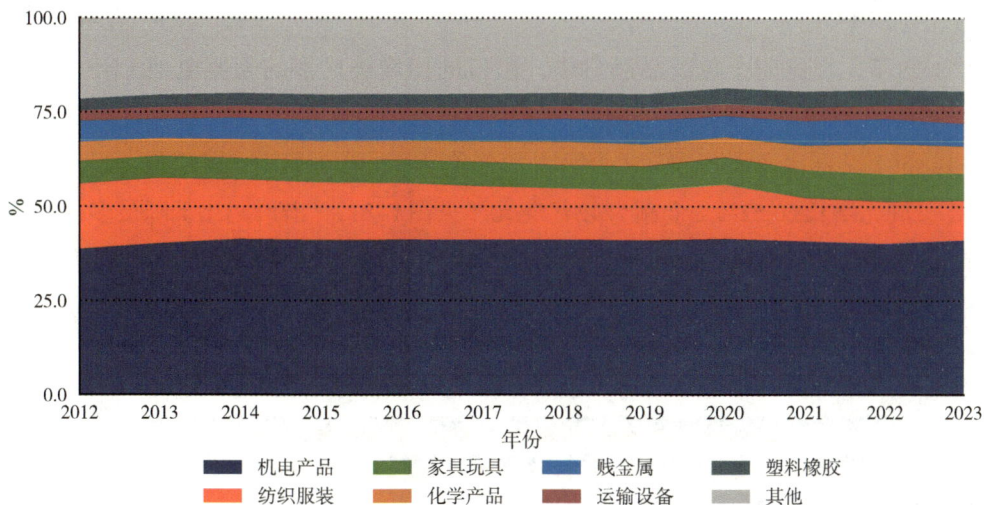

图1-29　2012—2023年中国对日本出口主要商品大类占比走势

数据来源：瀚闻资讯。

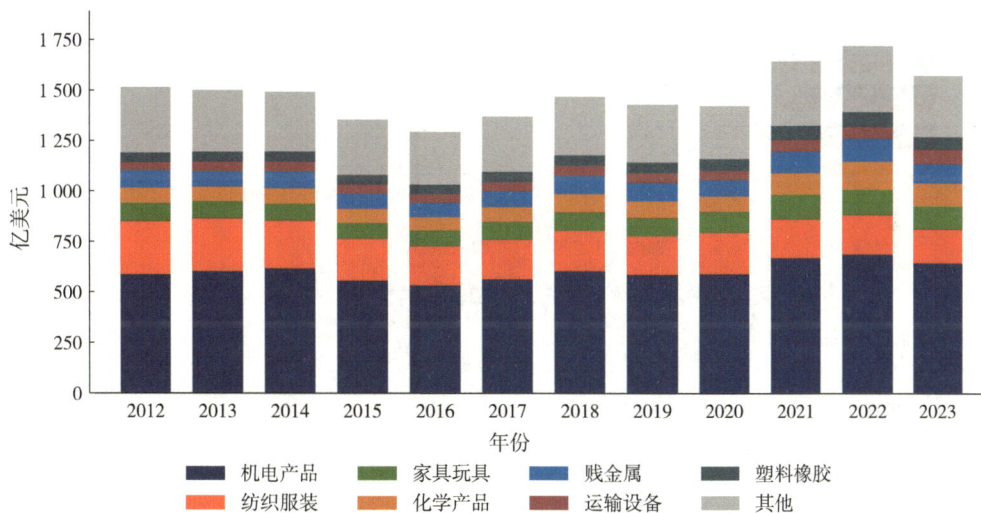

图1-30　2012—2023年中国对日本出口主要商品大类金额走势

数据来源：瀚闻资讯。

2023年，中国对日本出口排名前十位的商品品目分别为电话机等（HS4：8517）；自动数据处理设备及其部件（HS4：8471）；机动车的零件、附件（HS4：8708）；集成电路（HS4：8542）；蓄电池（HS4：8507）；针织或钩编的套头衫、开襟衫、外穿背心及类似品（HS4：6110）；视频游戏控制器及设备等室内游戏用品（HS4：9504）；各种箱、包、盒、套等容器类（HS4：4202）；监视器及投影机、电视接收装置（HS4：8528）；

绝缘电线、电缆，光缆（HS4：8544）。这前十位商品品目出口合计为395.82亿美元，合计占比为25.13%。

2023年，在这前十位商品品目中，出口同比增长最多的为蓄电池（HS4：8507），同比增长44.18%，金额为25亿美元；其次为视频游戏控制器及设备等室内游戏用品（HS4：9504），同比增长25.12%，金额为22亿美元；再次为机动车的零件、附件（HS4：8708），同比增长20.52%，金额为42亿美元（见图1-31）。出口同比下降最多的为自动数据处理设备及其部件（HS4：8471），同比下降18.02%，金额为80亿美元；其次为监视器及投影机、电视接收装置（HS4：8528），同比下降14.25%，金额为21亿美元；再次为各种箱、包、盒、套等容器类（HS4：4202），同比下降11.75%，金额为22亿美元。

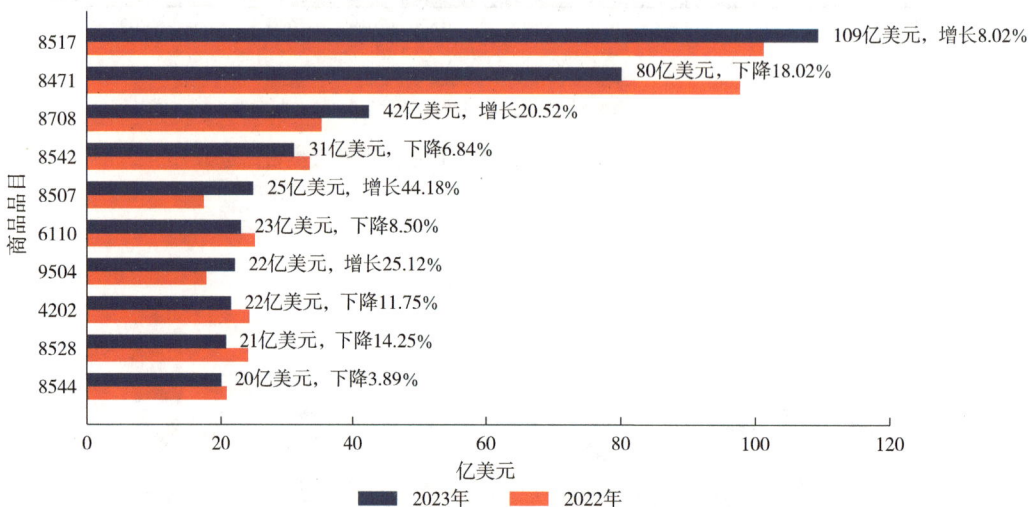

图1-31　2023年中国对日本出口额排名前十的商品品目增速

数据来源：瀚闻资讯。

3. 中国自日本进口贸易的结构分析

2023年，中国自日本进口主要商品大类分别为机电产品（84～85章）、化学产品（28～38章）、贱金属（72～83章）、仪器仪表（90～92章）、运输设备（86～89章）。主要商品大类进口金额合计为1 372.49亿美元，合计占比为85.53%（见图1-32）。

2023年，在主要商品大类中，进口同比下降最多的为运输设备（86～89章），同比下降23.18%，金额为122亿美元；其次为贱金属（72～83章），同比下降17.96%，金额为135亿美元；再次为仪器仪表（90～92章），同比下降13.08%，金额为125亿美元（见图1-33）。

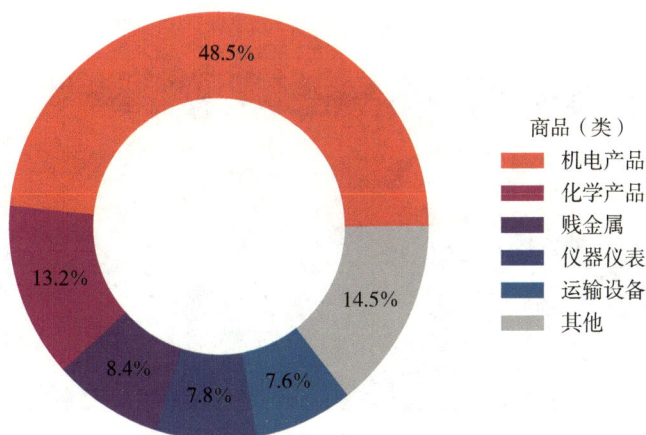

图 1-32　2023 年中国自日本进口主要商品大类占比

数据来源：瀚闻资讯。

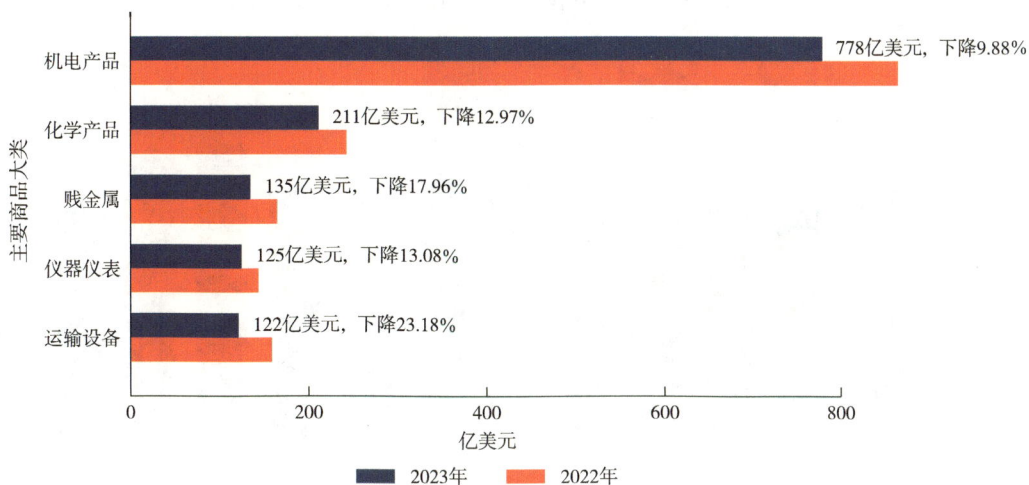

图 1-33　2023 年中国自日本进口主要商品大类增速

数据来源：瀚闻资讯。

　　从历史趋势来看（见图 1-34），中国 2023 年自日本进口主要商品大类占比较 2022 年增加 0.05%，较 2012 年增加 0.47%；进口绝对值较 2022 年减少 202.12 亿美元，较 2012 年减少 140.74 亿美元。其中，机电产品和化学产品进口比重总体呈现扩张的趋势。

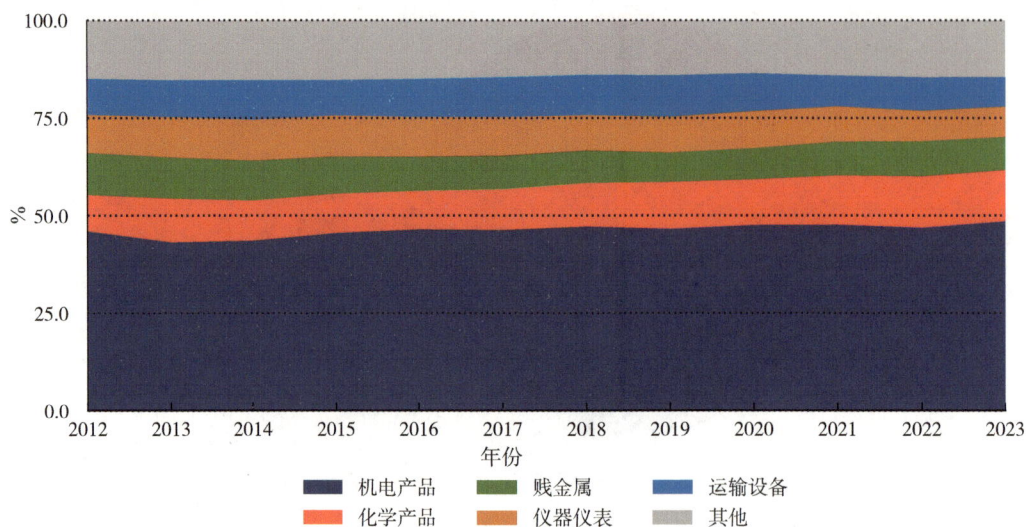

图 1-34　2012—2023 年中国自日本进口主要商品大类占比走势

数据来源：瀚闻资讯。

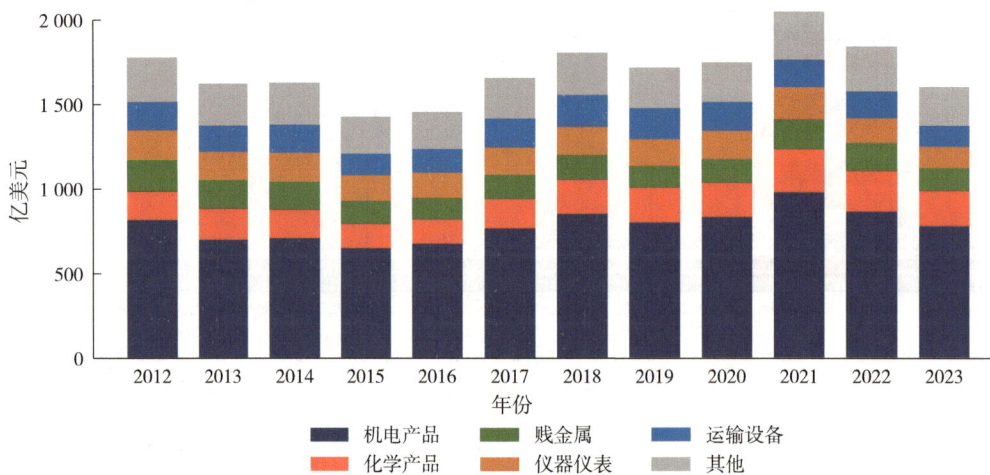

图 1-35　2012—2023 年中国自日本进口主要商品大类金额走势

数据来源：瀚闻资讯。

2023年，中国自日本进口排名前十的商品品目分别为集成电路（HS4：8542）；制造半导体单晶柱或晶圆、半导体器件、集成电路或平板显示器的机器及装置（HS4：8486）；载人的机动车辆（HS4：8703）；机动车的零件、附件（HS4：8708）；其他机器及机械器具（HS4：8479）；美容品或化妆品及护肤品（药品除外）（HS4：3304）；电容器（HS4：8532）；二极管、晶体管及类似的半导体器件（HS4：8541）；电路开关、保护或连接用的电气装置，光导纤维、光导纤维束或光缆用连接器（HS4：8536）；其他非泡沫塑料的板、片、膜、箔及扁条（HS4：3920）。这些商品进口合计为632.79亿美元，合计占比为39.43%。

2023年，在前十位的商品品目中，进口同比增长最多的为制造半导体单晶柱或晶圆、半导体器件、集成电路或平板显示器的机器及装置（HS4：8486），同比增长6.42%，金额为114亿美元；其次为集成电路（HS4：8542），同比增长3.54%，金额为208亿美元。进口同比下降最多的为机动车的零件、附件（HS4：8708），同比下降31.13%，金额为39亿美元；其次为电路开关、保护或连接用的电气装置；光导纤维、光导纤维束或光缆用连接器（HS4：8536），同比下降24.74%，金额为28亿美元；再次为美容品或化妆品及护肤品（药品除外）（HS4：3304），同比下降22.30%，金额为35亿美元。

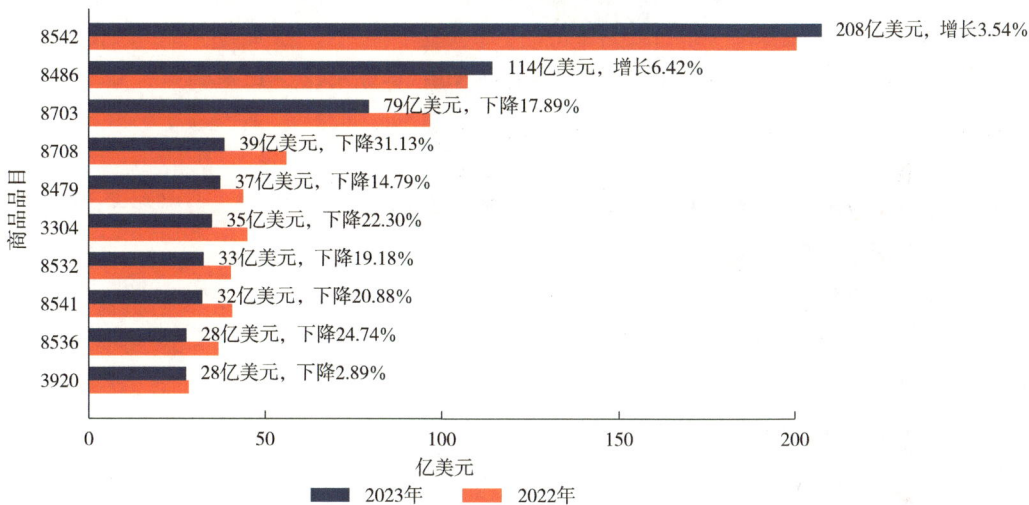

图1-36 2023年中国自日本进口排名前十位的商品品目增速

数据来源：瀚闻资讯。

4. 中国与全球进出口贸易的结构分析

2023年，中国与全球进出口主要商品大类分别为机电产品（84～85章）、矿物产品（25～27章）、贱金属（72～83章）、化学产品（28～38章）、运输设备（86～89章）、纺织服装（50～63章）、家具玩具（94～96章）、塑料橡胶（39～40章）。主要商品大类进出口金额合计为49 238.62亿美元，合计占比为82.94%（见图1-37）。

2023年，在主要商品大类中，进出口实现正增长的是运输设备（86～89章），同比增长11.99%，金额为3 260亿美元。进出口同比下降最多的为化学产品（28～38章），同比下降14.13%，金额为3 811亿美元；其次为贱金属（72～83章），同比下降9.43%，金额为4 112亿美元；再次为塑料橡胶（39～40章），同比下降8.15%，金额为2 438亿美元（见图1-38）。

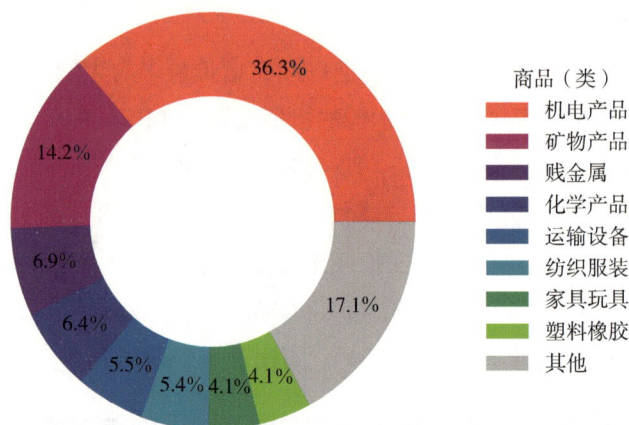

图 1-37　2023 年中国与全球进出口主要商品大类占比

数据来源：瀚闻资讯。

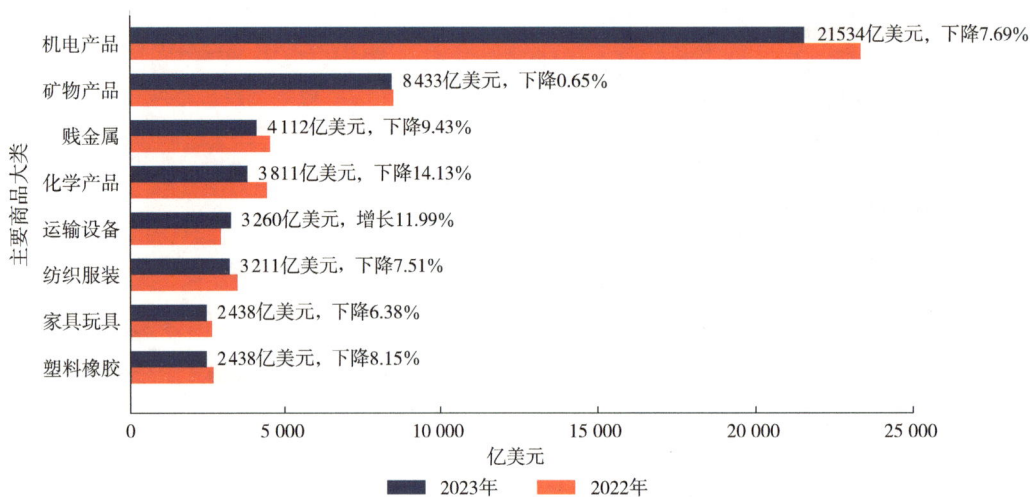

图 1-38　2023 年中国与全球进出口主要商品大类增速

数据来源：瀚闻资讯。

　　从历史趋势来看（见图1-39），2023年，中国与全球进出口主要商品大类占比较2022年减少0.95%，较2012年增加0.91%；进出口绝对值较2022年减少3 198.85亿美元，较2012年增加17 504.84亿美元。其中，矿物产品进出口比重总体呈现扩张的趋势（见图1-40）。

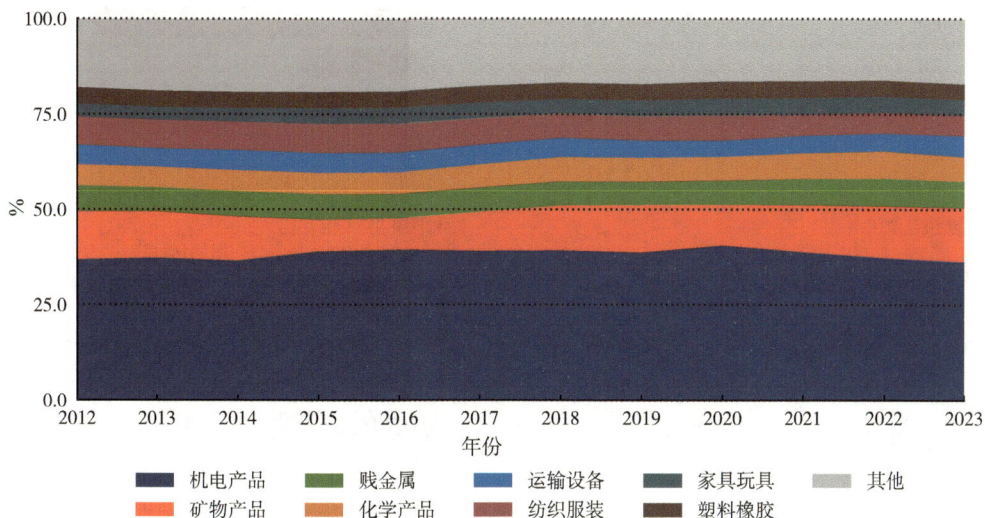

图 1-39　2012—2023 年中国与全球进出口主要商品大类占比走势

数据来源：瀚闻资讯。

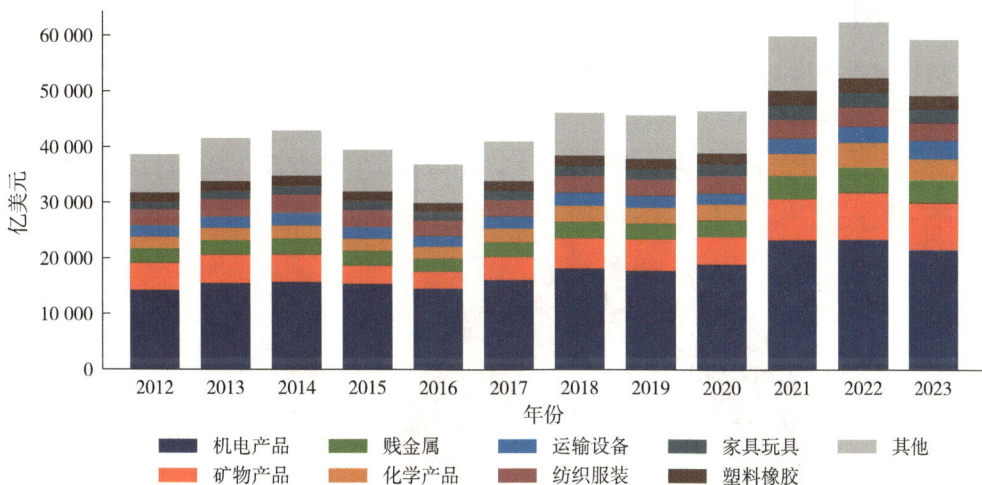

图 1-40　2012—2023 年中国与全球进出口主要商品大类金额走势

数据来源：瀚闻资讯。

从贸易平衡来看（见图 1-41），机电产品、纺织服装、家具玩具、运输设备、贱金属等保持较大顺差，动植物油脂、动物产品、珠宝首饰、植物产品、矿物产品等保持较大逆差。

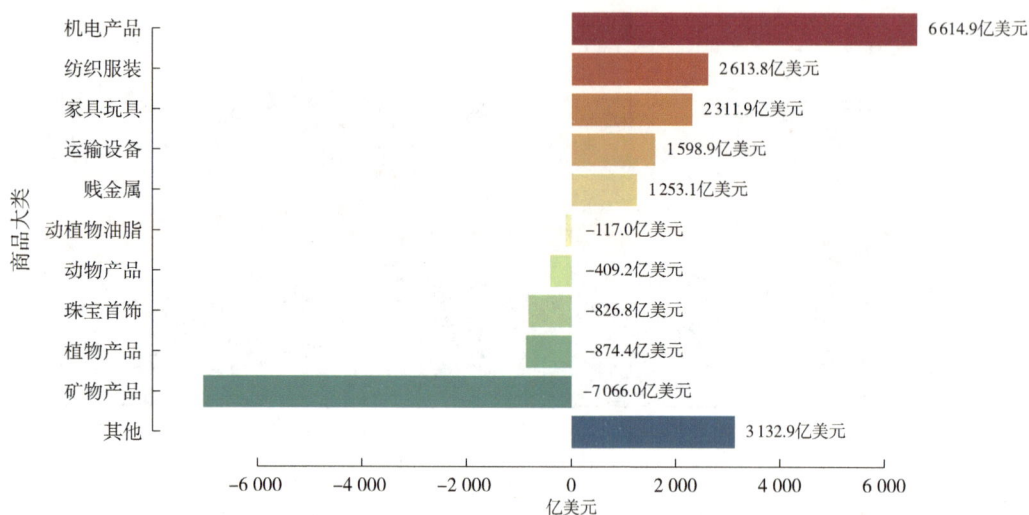

图 1-41　2023 年中国与全球进出口按商品大类统计贸易平衡的情况

数据来源：瀚闻资讯。

5. 中国对全球出口贸易的结构分析

2023 年，中国对全球出口主要商品大类分别为机电产品（84～85章）、纺织服装（50～63章）、贱金属（72～83章）、运输设备（86～89章）、家具玩具（94～96章）、化学产品（28～38章）、塑料橡胶（39～40章）。主要商品大类出口金额合计为 28 095.91 亿美元，合计占比为 83.12%（见图 1-42）。

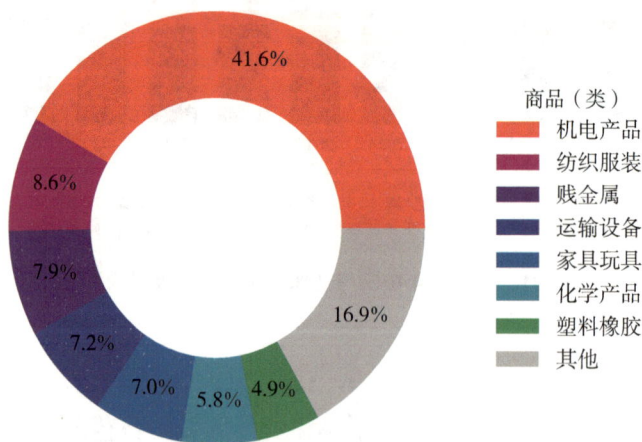

图 1-42　2023 年中国对全球出口主要商品大类占比

数据来源：瀚闻资讯。

2023 年，在主要商品大类中，出口实现正增长的是运输设备（86～89章），同比增长 22.41%，金额为 2 429.49 亿美元；出口同比下降最多的为化学产品（28～38章），同比下降19.77%，金额为1 969亿美元；其次为贱金属（72~83章），同比下降8.66%，金额为2 683亿美元；再次为纺织服装（50~63章），同比下降7.77%，金额为2 913亿美元（见图1-43）。

图1-43　2023年中国对全球出口主要商品大类增速

数据来源：瀚闻资讯。

从历史趋势来看（见图1-44），2023年，中国对全球出口主要商品大类占比较2022年减少0.65%，较2012年增加1.89%；出口绝对值较2022年减少1 596.39亿美元，较2012年增加11 454.15亿美元。其中，运输设备、塑料橡胶出口比重总体呈现扩张的趋势（见图1-45）。

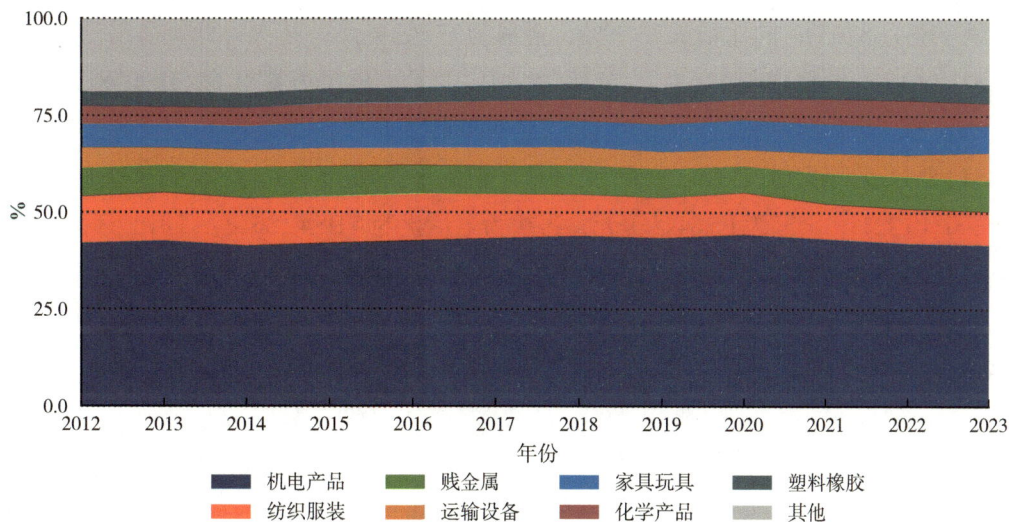

图1-44　2012—2023年中国对全球出口主要商品大类占比走势

数据来源：瀚闻资讯。

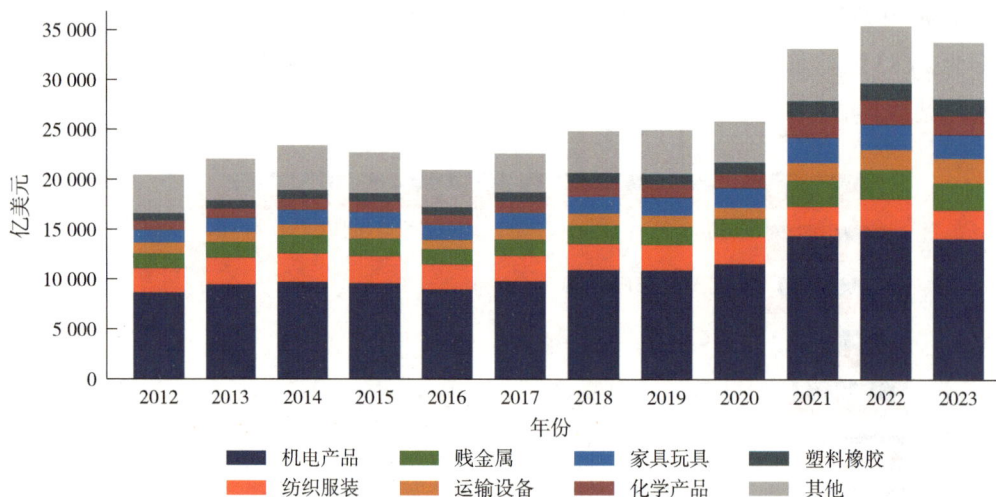

图 1-45　2012—2023 年中国对全球出口主要商品大类金额走势

数据来源：瀚闻资讯。

2023年，中国出口排名前十的商品品目分别为电话机等（HS4：8517）；自动数据处理设备及其部件（HS4：8471）；集成电路（HS4：8542）；载人的机动车辆（HS4：8703）；蓄电池（HS4：8507）；低值简易通关商品（HS4：9804）；二极管、晶体管及类似的半导体器件（HS4：8541）；机动车的零件、附件（HS4：8708）；成品油（HS4：2710）；变压器、静止式变流器（如整流器）及电感器（HS4：8504）。这些商品品目出口合计为 9 255.23 亿美元，合计占比为 27.38%。

2023年，在这些商品品目中（见图 1-46），出口同比增长最多的为载人的机动车辆（HS4：8703），同比增长 73.99%，金额为 777 亿美元；其次为低值简易通关商品（HS4：9804），同比增长 49.67%，金额为 640 亿美元；再次为蓄电池（HS4：8507），增长 22.61%，金额为 699 亿美元。出口同比下降最多的是自动数据处理设备及其部件（HS4：8471），下降 20.43%，金额为 1 493 亿美元；其次为集成电路（HS4：8542），同比下降 10.22%，金额为 1 364 亿美元；再次为电话机等（HS4：8517），同比下降 7.79%，金额为 2 190 亿美元。

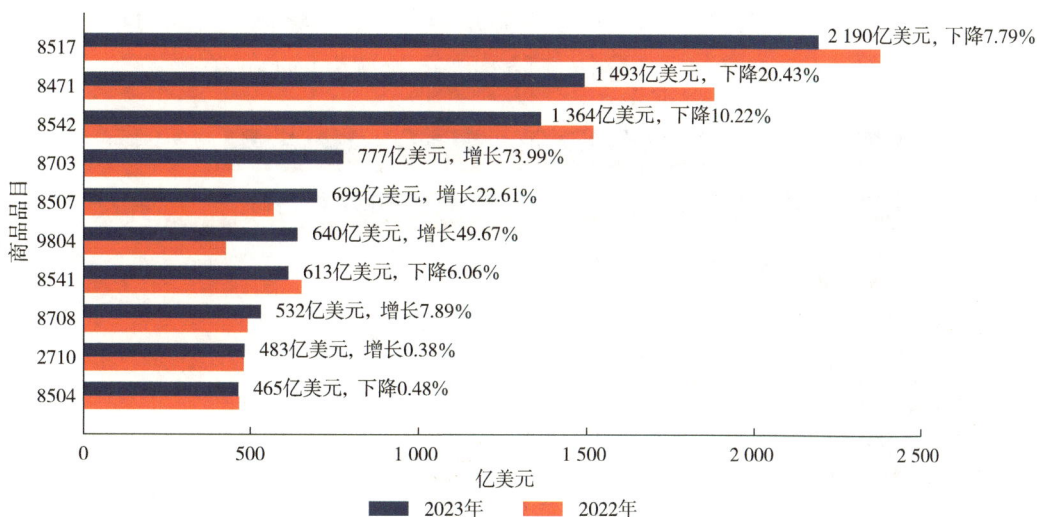

图 1-46 2023 年中国出口金额排名前十的商品品目增速

数据来源：瀚闻资讯。

6. 中国自全球进口贸易的结构分析

2023年，中国自全球进口主要商品大类分别为矿物产品（25～27章）、机电产品（84～85章）、化学产品（28～38章）、贱金属（72～83章）、植物产品（06～14章）、珠宝首饰（71章）。主要商品大类进口金额合计为20 786.22亿美元，合计占比为81.30%（见图1-47）。

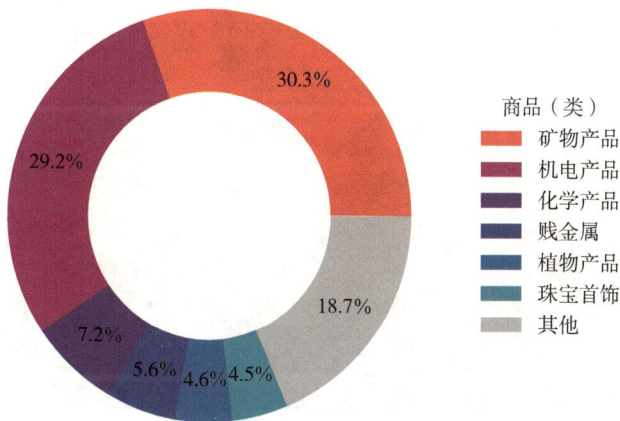

图 1-47 2023 年中国自全球进口主要商品大类占比

数据来源：瀚闻资讯。

2023年，在主要商品大类中（见图1-48），进口同比增长最多的为珠宝首饰（71章），增长10.23%，金额为1 140亿美元；其次为植物产品（06～14章），增长3.53%，金额为1 165亿美元。进口同比下降最多的为机电产品（84～85章），下降11.40%，金额为7 460亿美元；其次为贱金属（72～83章），同比下降10.83%，金额为1 430亿美元；再次为化学产品（28～38章），同比下降7.17%，金额为1 843亿美元。

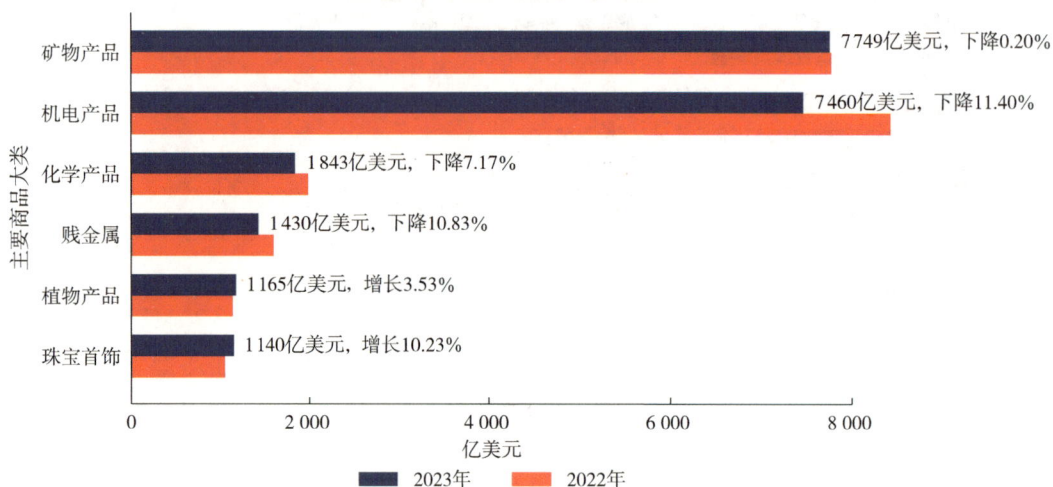

图1-48   2023年中国自全球进口主要商品大类增速

数据来源：瀚闻资讯。

从历史趋势来看，2023年，中国自全球进口主要商品大类占比较2022年增加0.26%，较2012年增加9.27%；进口绝对值较2022年减少1 145.79亿美元，较2012年增加7 677.40亿美元。其中，矿物产品、植物产品、珠宝首饰进口比重总体呈现扩张的趋势（见图1-49、图1-50）。

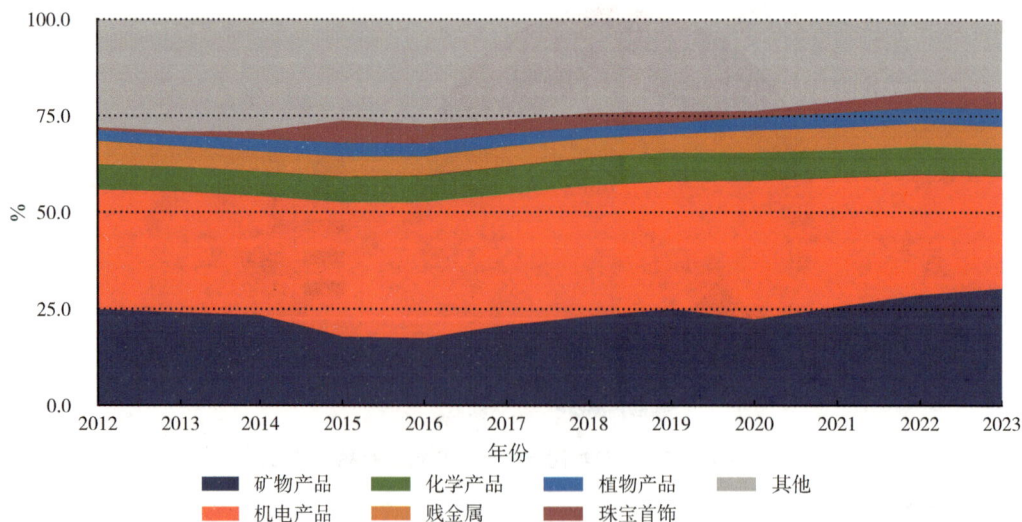

图1-49   2012—2023年中国自全球进口主要商品大类占比走势

数据来源：瀚闻资讯。

图 1-50 2012—2023 年中国自全球进口主要商品大类金额走势

数据来源：瀚闻资讯。

2023年，中国自全球进口总额排名前十的商品品目分别为集成电路（HS4：8542）；原油（HS4：2709）；铁矿砂及其精矿（HS4：2601）；金（包括镀铂的金）（HS4：7108）；石油气及其他烃类气（HS4：2711）；铜矿砂及其精矿（HS4：2603）；大豆（HS4：1201）；载人的机动车辆（HS4：8703）；煤，煤砖、煤球及用煤制成的类似固体燃料（HS4：2701）；制造半导体单晶柱或晶圆、半导体器件、集成电路或平板显示器的机器及装置（HS4：8486）。这些进口商品品目金额合计为12 448.57亿美元，合计占比为48.69%。

2023年，在这些商品品目中，进口同比增长最多的为煤，煤砖、煤球及用煤制成的类似固体燃料（HS4：2701），同比增长36.36%，金额为414亿美元；其次为金（包括镀铂的金）（HS4：7108），同比增长19.91%，金额为919亿美元；再次为制造半导体单晶柱或晶圆、半导体器件、集成电路或平板显示器的机器及装置（HS4：8486），同比增长14.08%，金额为396亿美元。进口同比下降最多的为集成电路（HS4：8542），同比下降了15.44%，金额为3 502亿美元；其次为载人的机动车辆（HS4：8703），同比下降了12.08%，金额为459亿美元；再次为原油（HS4：2709），下降了7.73%，金额为3 375亿美元（见图1-51）。

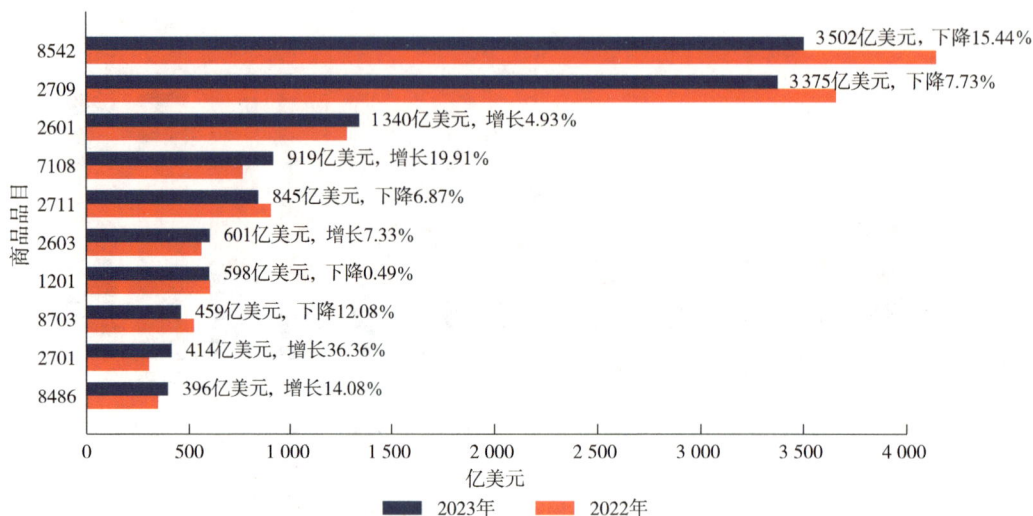

图1-51　2023年中国自全球进口排名前十的商品品目增速

数据来源：瀚闻资讯。

7. 日本与全球进出口贸易的结构分析

2023年，日本与全球进出口主要商品大类分别为机电产品（84～85章）、矿物产品（25～27章）、运输设备（86～89章）、化学产品（28～38章）、贱金属（72～83章）、仪器仪表（90～92章）、未分类或保密商品（00/98/99/SS章）。其进出口金额合计为12 237.03亿美元，合计占比为81.39%（见图1-52）。

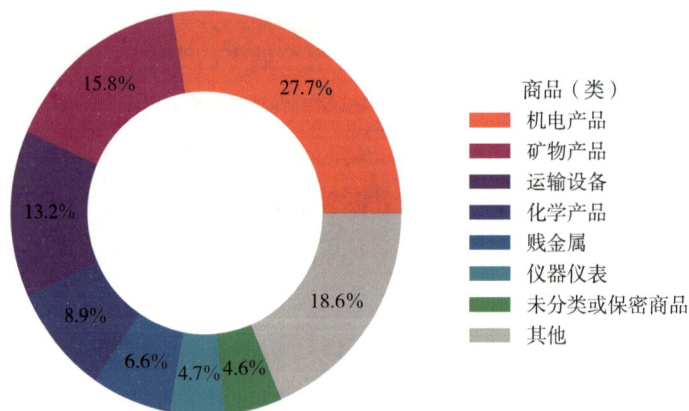

图1-52　2023年日本与全球进出口主要商品大类占比

数据来源：瀚闻资讯。

2023年，在主要商品大类中，进出口实现正增长的是运输设备（86～89章），同比增长15.08%，金额为1 989亿美元。进出口同比下降最多的为矿物产品（25～27章），同比下降22.41%，金额为2 370亿美元；其次为化学产品（28～38章），同比下降

16.38%，金额为1 332亿美元；再次为贱金属（72～83章），同比下降10.50%，金额为987亿美元（见图1-53）。

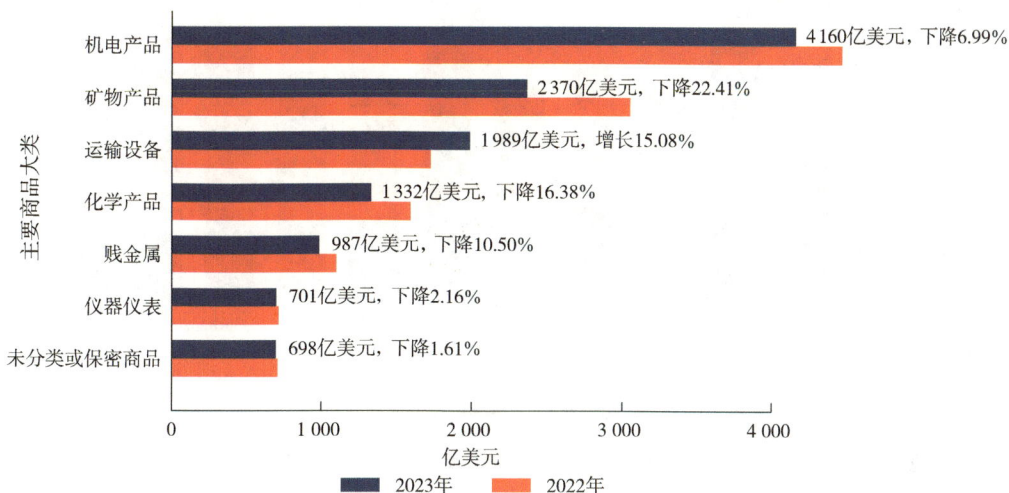

图 1-53　2023 年日本与全球进出口主要商品大类增速

数据来源：瀚闻资讯。

从历史趋势来看（见图1-54），2023年，日本与全球进出口主要商品大类占比较2022年增加0.06%，较2012年减少0.46%；进出口绝对值较2022年减少1 140.19亿美元，较2012年减少1 548.42亿美元。其中，未分类或保密商品进出口比重总体呈现扩张的趋势。

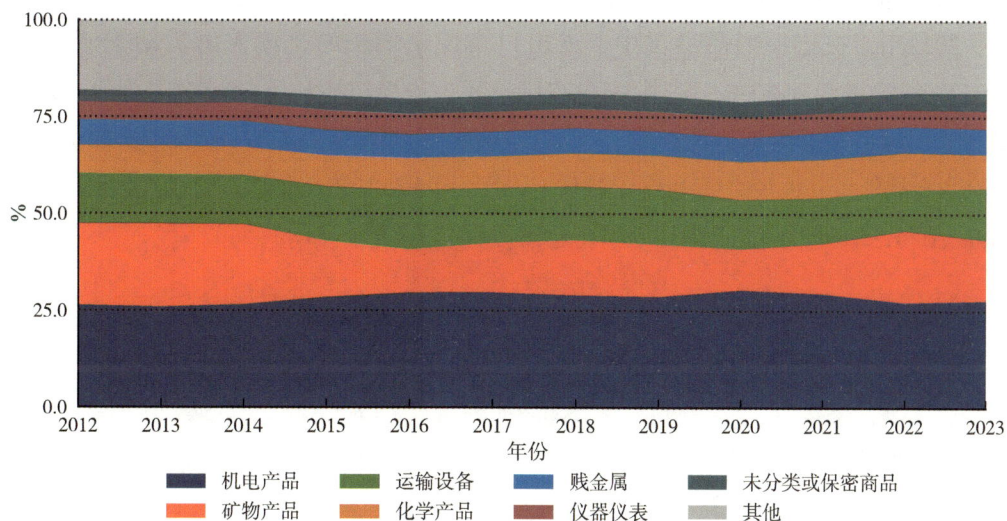

图 1-54　2012—2023 年日本与全球进出口主要商品大类占比走势

数据来源：瀚闻资讯。

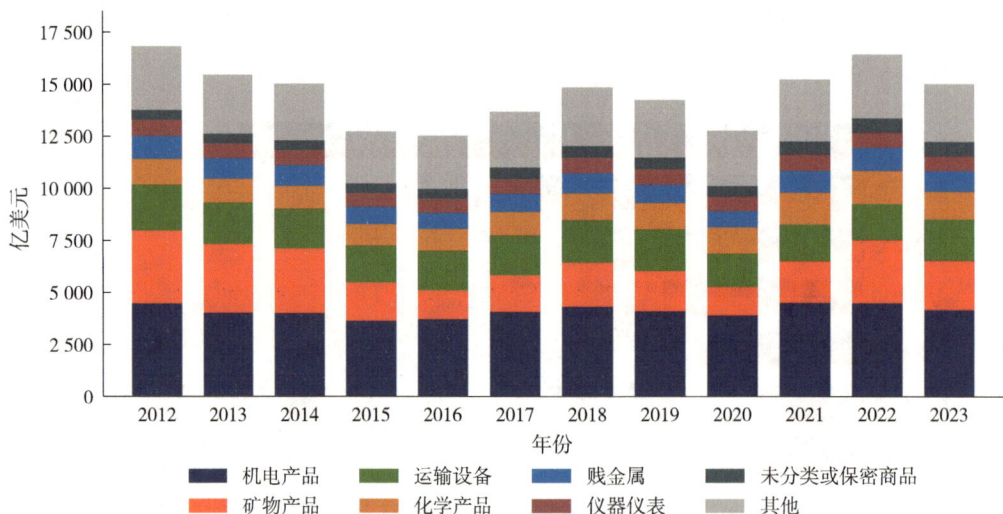

图 1-55　2012—2023 年日本与全球进出口主要商品大类金额走势

数据来源：瀚闻资讯。

2023年，日本与全球进出口总额排名前十位的商品品目分别为载人的机动车辆（HS4：8703）；原油（HS4：2709）；未公开或保密商品（HS4：0000）；集成电路（HS4：8542）；石油气及其他烃类气（HS4：2711）；煤，煤砖、煤球及用煤制成的类似固体燃料（HS4：2701）；机动车的零件、附件（HS4：8708）；制造半导体单晶柱或晶圆、半导体器件、集成电路或平板显示器的机器及装置（HS4：8486）；电话机等（HS4：8517）；成品油（HS4：2710）。其进出口合计为 5 506.74亿美元，合计占比36.62%。

2023年，在这些商品品目中，进出口实现正增长的是载人的机动车辆（HS4：8703），同比增长26.83%，金额为 1 227亿美元。进出口同比下降最多的为煤，煤砖、煤球及用煤制成的类似固体燃料（HS4：2701），同比下降27.83%，金额为 422亿美元；其次为石油气及其他烃类气（HS4：2711），同比下降26.10%，金额为 529亿美元；再次为原油（HS4：2709），同比下降19.35%，金额为810亿美元（见图1-56）。

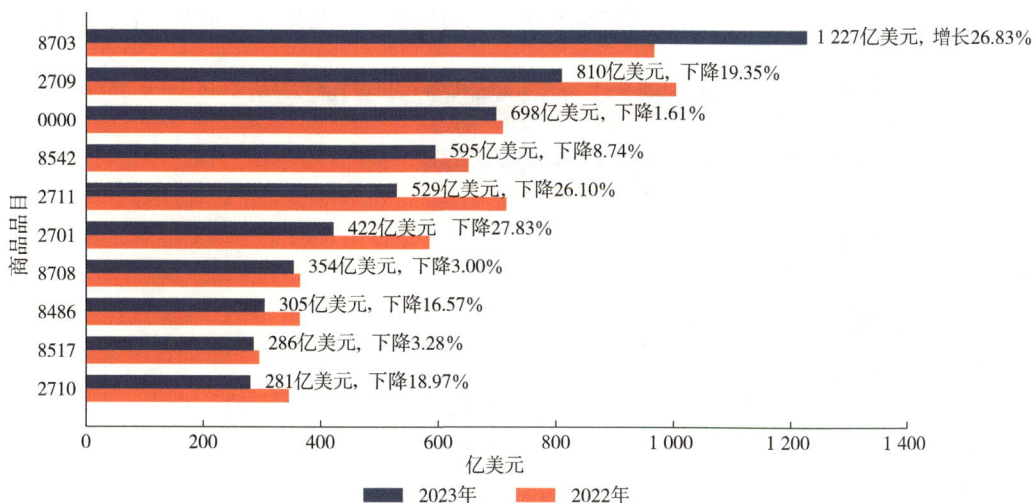

图 1-56　2023 年日本与全球进出口额排名前十的商品品目增速

数据来源：瀚闻资讯。

8. 日本对全球出口贸易的结构分析

2023年，日本对全球出口主要商品大类分别为机电产品（84～85章）、运输设备（86～89章）、贱金属（72～83章）、化学产品（28～38章）、未分类或保密商品（00/98/99/SS章）。主要商品大类出口金额合计为 5 805.10亿美元，合计占比为80.91%（见图1-57）。

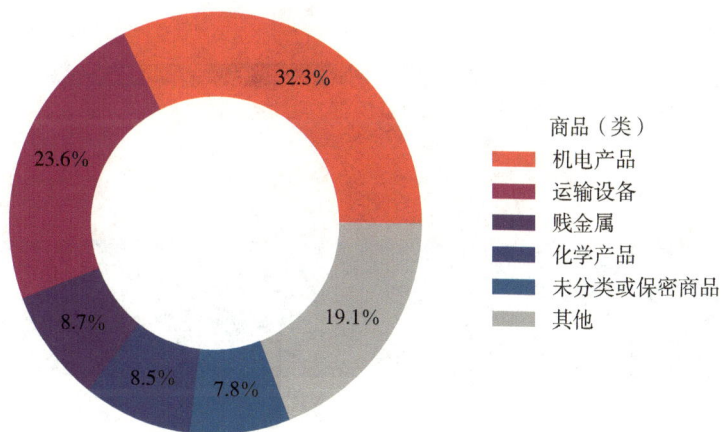

图 1-57　2023 年日本对全球出口主要商品大类占比

数据来源：瀚闻资讯。

2023年，在主要商品大类中，出口实现正增长的是运输设备（86～89章），同比增长15.28%，金额为1 692亿美元。出口同比下降最多的是化学产品（28～38章），同比下降12.37%，金额为611亿美元；其次为机电产品（84～85章），同比下降9.36%，金额为2 316亿美元；再次为贱金属（72～83章），同比下降7.42%，金额为624亿美元。

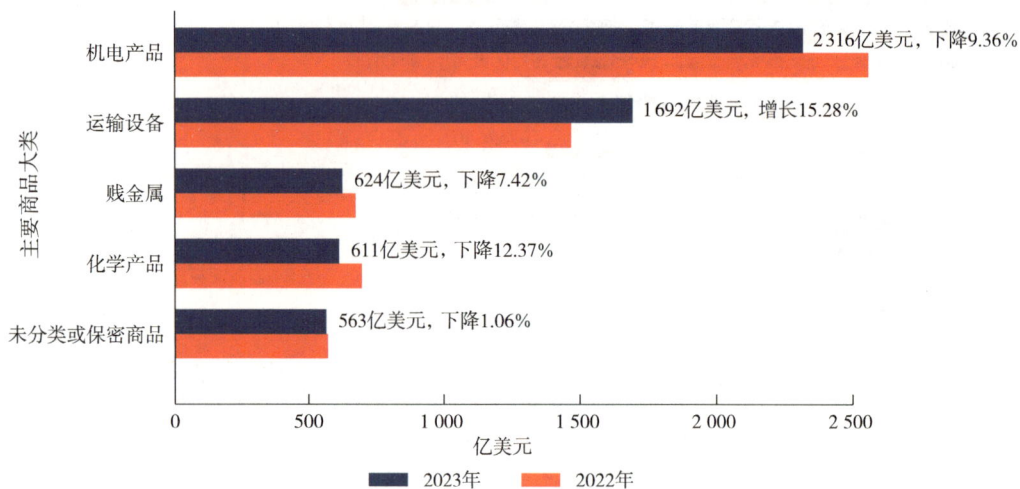

图1-58　2023年日本对全球出口主要商品大类增速

数据来源：瀚闻资讯。

从历史趋势来看（见图1-59），2012年，日本对全球出口主要商品大类占比较2022年增加1.12%，较2012年增加0.23%；出口绝对值较2022年减少156.87亿美元，较2012年减少637.56亿美元。其中，未分类或保密商品出口比重总体呈现扩张的趋势（见图1-60）。

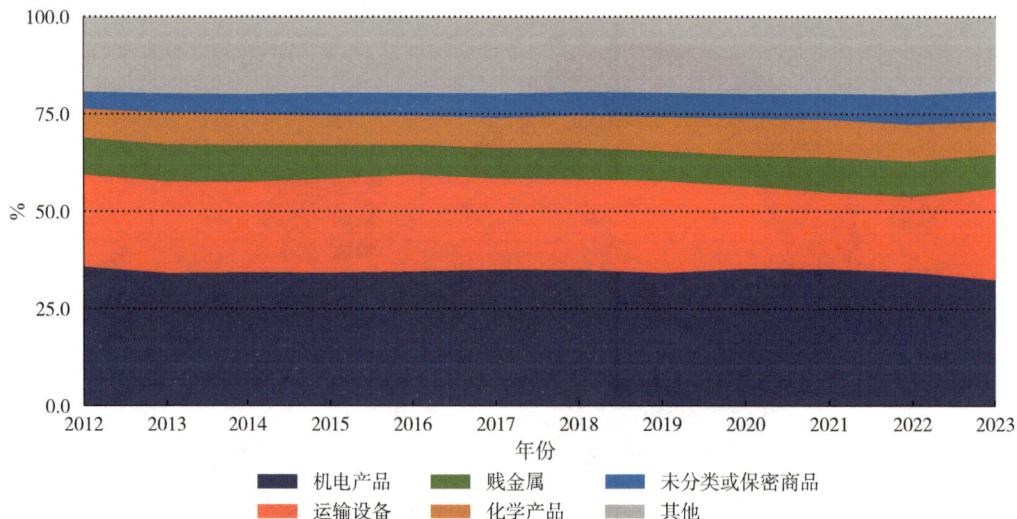

图1-59　2012—2023年日本对全球出口主要商品大类占比走势

数据来源：瀚闻资讯。

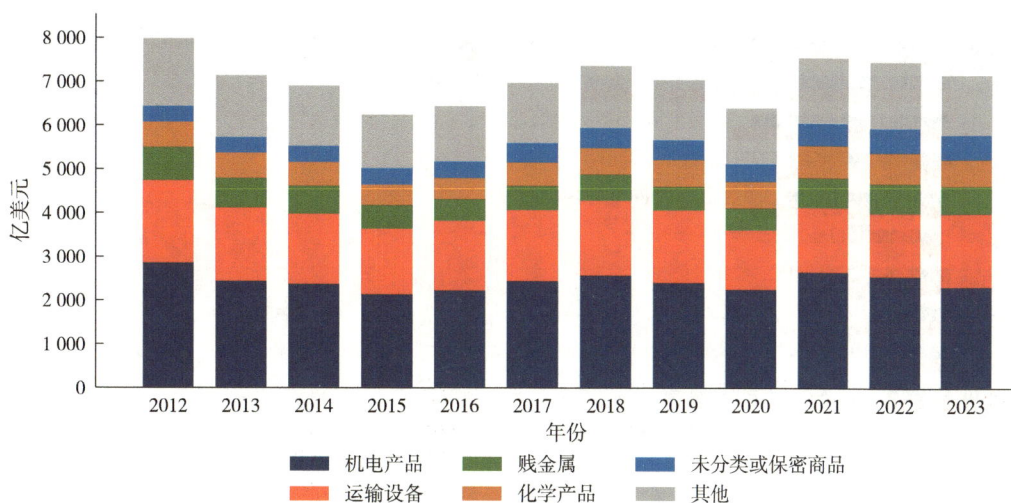

图 1-60 2012—2023 年日本对全球出口主要商品大类金额走势

数据来源：瀚闻资讯。

2023年，日本对全球出口额排名前十的商品品目分别为载人的机动车辆（HS4：8703）；未公开或保密商品（HS4：0000）；集成电路（HS4：8542）；机动车的零件、附件（HS4：8708）；制造半导体单晶柱或晶圆、半导体器件、集成电路或平板显示器的机器及装置（HS4：8486）；机动推土机、侧铲推土机、筑路机、平地机、铲运机、机械铲、挖掘机、机铲装载机、捣固机械及压路机（HS4：8429）；金（包括镀铂的金）（HS4：7108）；成品油（HS4：2710）；宽度≥600mm的铁或非合金钢平板轧材（HS4：7208）；巡航船、游览船、渡船、货船、驳船及其类似的客运或货运船舶（HS4：8901）。这些商品品目出口合计为3 055.18亿美元，合计占比为42.58%。

2023年，在这些商品品目中，出口同比增长最多的是载人的机动车辆（HS4：8703），同比增长27.80%，金额为1 101亿美元；其次为金（包括镀铂的金）（HS4：7108），同比增长14.95%，金额为125亿美元；再次为巡航船、游览船、渡船、货船、驳船及其类似的客运或货运船舶（HS4：8901），同比增长9.23%，金额为96亿美元。出口同比下降最多的是成品油（HS4：2710），同比下降29.32%，金额为103亿美元；其次为制造半导体单晶柱或晶圆、半导体器件、集成电路或平板显示器的机器及装置（HS4：8486），同比下降18.69%，金额为252亿美元；再次为宽度≥600mm的铁或非合金钢平板轧材（HS4：7208），同比下降8.90%，金额为101亿美元（见图1-61）。

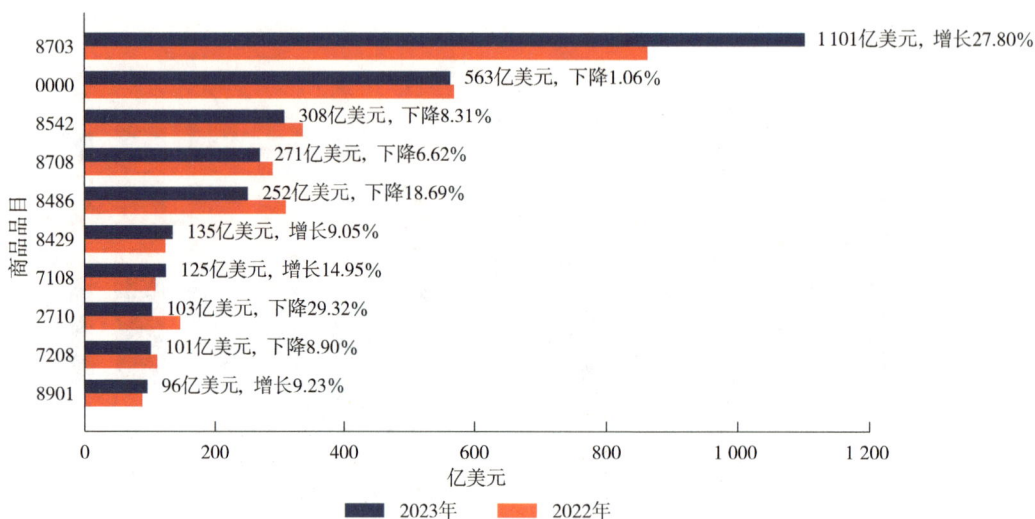

图 1-61　2023 年日本对全球出口额排名前十的商品品目增速

数据来源：瀚闻资讯。

9. 日本自全球进口贸易的结构分析

2023年，日本自全球进口主要商品大类分别为矿物产品（25~27章）、机电产品（84~85章）、化学产品（28~38章）、贱金属（72~83章）、仪器仪表（90~92章）、纺织服装（50~63章）、运输设备（86~89章）、食品饮料（16~24章）。主要商品大类进口金额合计为6 385.15亿美元，合计占比为81.23%（见图1-62）。

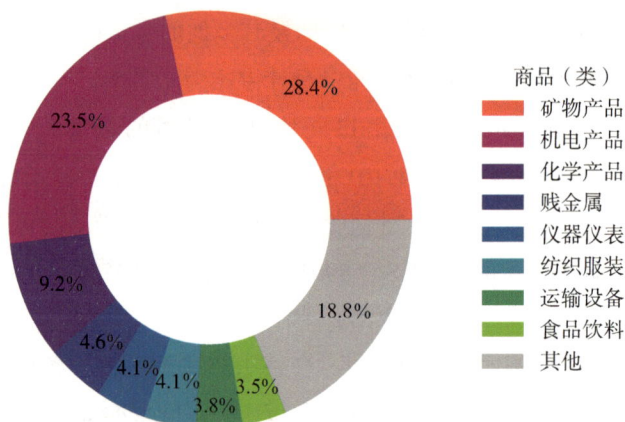

图 1-62　2023 年日本自全球进口的主要商品大类占比

数据来源：瀚闻资讯。

2023年，在主要商品大类中，进口同比增长最多的为运输设备（86~89章），同比增长13.95%，金额为297亿美元；其次为仪器仪表（90~92章），同比增长3.82%，金额为326亿美元。进口同比下降最多的为矿物产品（25～27章），同比下降21.94%，金额为2 234亿美元；其次为化学产品（28～38章），同比下降19.51%，金额为722亿美元；再次为贱金属（72～83章），同比下降15.35%，金额至363亿美元（见图1-63）。

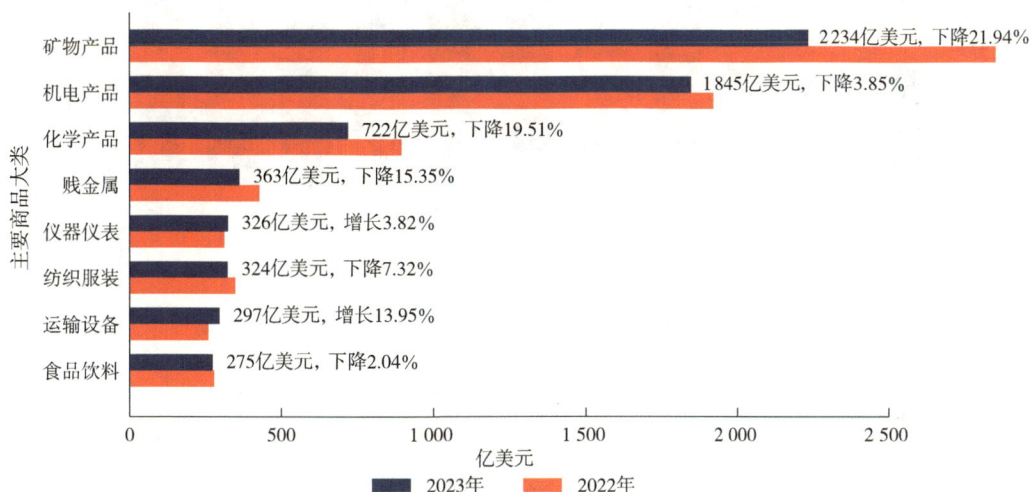

图 1-63 2023 年日本自全球进口的主要商品大类增速

数据来源：瀚闻资讯。

从历史趋势来看（见图1-64），2023年，日本自全球进口主要商品大类占比较2022年减少0.21%，较2012年减少1.18%；进口绝对值较2023年减少925.35亿美元，较2012年减少914.65亿美元。其中，机电产品进口比重总体呈现扩张的趋势（见图1-65）。

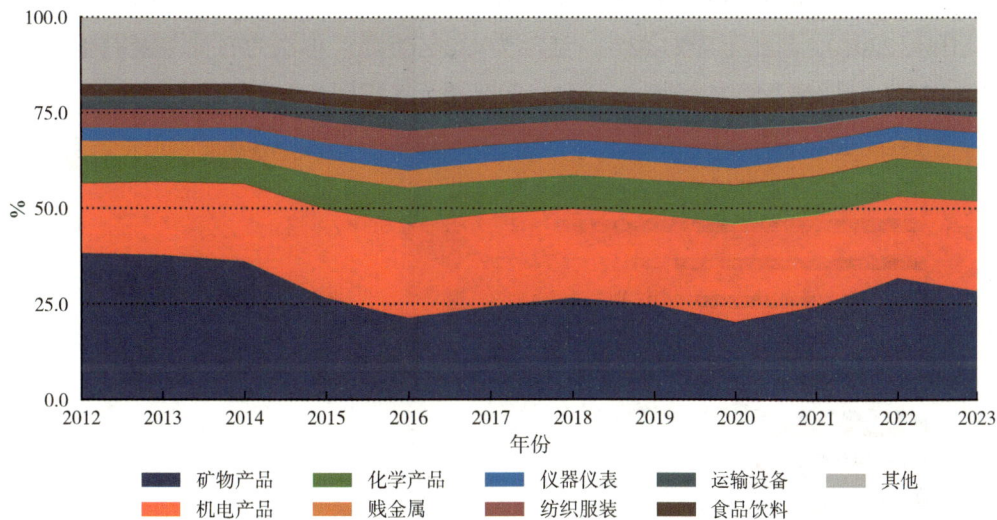

图 1-64 2012—2023 年日本自全球进口的主要商品大类占比走势

数据来源：瀚闻资讯。

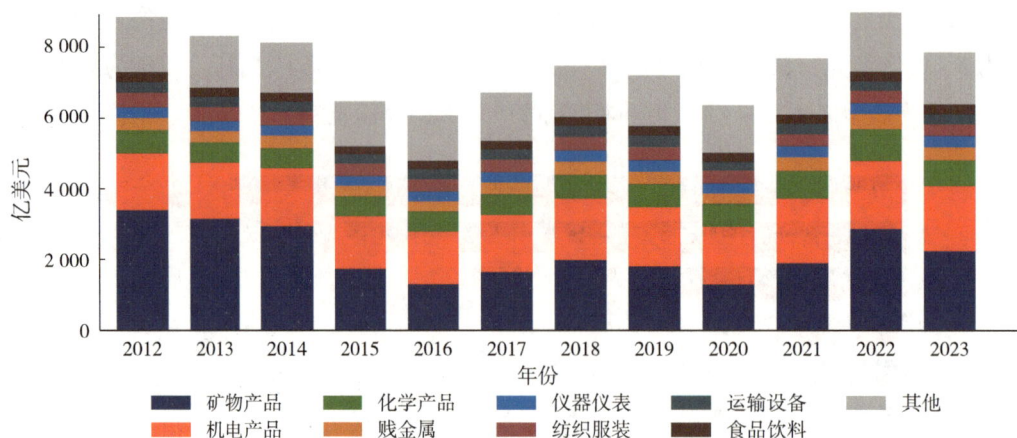

图1-65　2012—2023年日本自全球进口主要商品大类金额走势

数据来源：瀚闻资讯。

2023年，日本自全球进口金额排名前十的商品品目分别为原油（HS4：2709）；石油气及其他烃类气（HS4：2711）；煤，煤砖、煤球及用煤制成的类似固体燃料（HS4：2701）；集成电路（HS4：8542）；电话机等（HS4：8517）；成品油（HS4：2710）；由混合或非混合产品构成的治病或防病用药品（HS4：3004）；自动数据处理设备及其部件（HS4：8471）；疫苗（HS4：3002）；未公开或保密商品（HS4：0000）。这些商品品目进口合计为3 068.59亿美元，合计占比为39.04%。

2023年，在这些商品品目中，进口同比下降最多的为疫苗（HS4：3002），同比下降29.93%，金额为140亿美元；其次为煤，煤砖、煤球及用煤制成的类似固体燃料（HS4：2701），同比下降27.83%，金额为422亿美元；再次为石油气及其他烃类气（HS4：2711），同比下降26.09%，金额为529亿美元（见图1-66）。

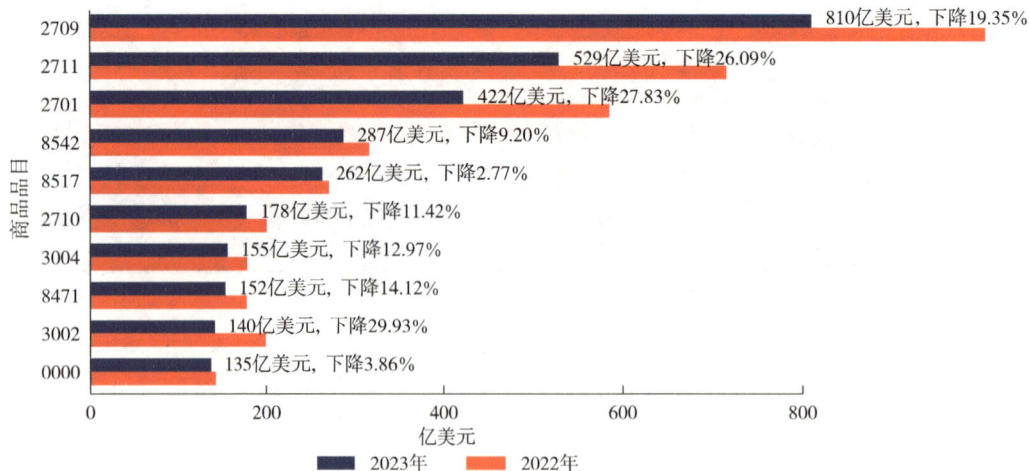

图1-66　2023年日本自全球进口金额排名前十的商品品目增速

数据来源：瀚闻资讯。

（三）中日货物贸易方式

1. 中日一般贸易规模分析

2023年，中国与日本进出口占比位于第一的贸易方式是一般贸易，进出口金额为1 897.87亿美元（见图1-67），比2022年下降10.89%，占进出口总值的59.68%。

2023年，中国对日本一般贸易出口金额为910.80亿美元，比2022年下降9.97%，占出口总值的57.82%。

2023年，中国自日本一般贸易进口金额为987.07亿美元，比2022年下降11.71%，占进口总值的61.51%。

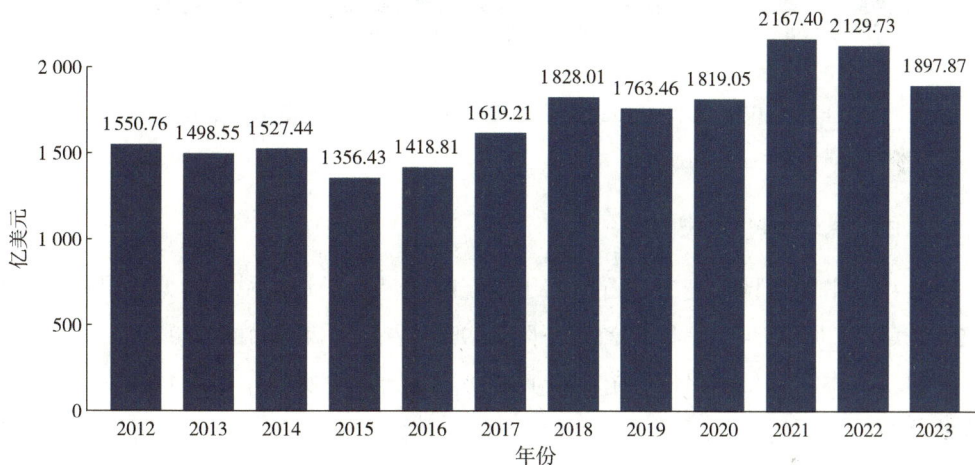

图1-67　2012—2023年中国与日本一般贸易进出口金额走势

数据来源：瀚闻资讯。

2. 中日加工贸易规模分析

2023年，中国与日本进出口占比位于第二的贸易方式是加工贸易，进出口金额为851.42亿美元（见图1-68），比2022年下降13.33%，占进出口总值的26.77%。

2023年，中国对日本加工贸易出口金额为509.09亿美元，比2022年下降9.56%，占出口总值的32.32%。

2023年，中国自日本加工贸易进口金额为342.33亿美元，比2022年下降18.38%，占进口总值的21.33%。

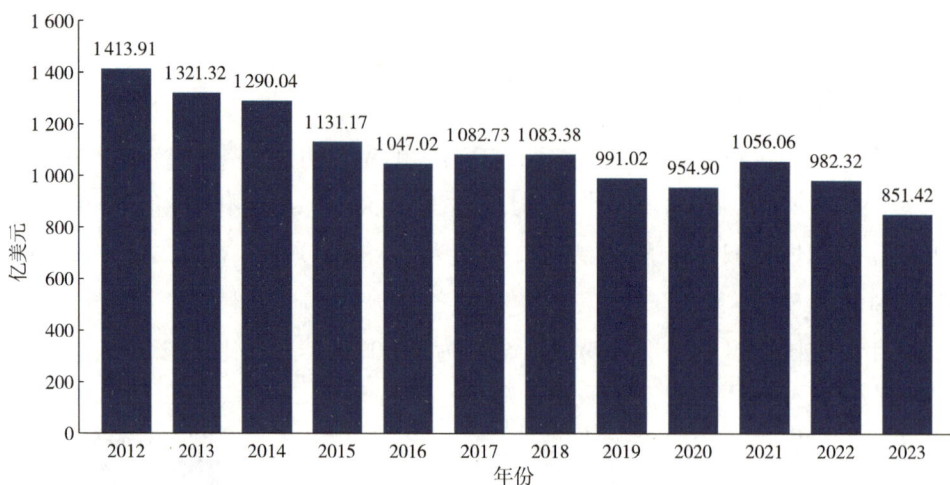

图 1-68　2012—2023 年中国与日本加工贸易进出口金额走势

数据来源：瀚闻资讯。

3. 中日保税物流规模分析

2023年，中国与日本进出口占比位于第三的贸易方式是保税物流，进出口金额为382.24亿美元（见图1-69），比2022年下降0.69%，占进出口总值的12.02%。

2023年，中国对日本保税物流出口134.31亿美元，比2022年增长12.35%，占出口总值的8.53%。

2023年，中国自日本保税物流进口247.93亿美元，比2022年下降6.56%，占进口总值的15.45%。

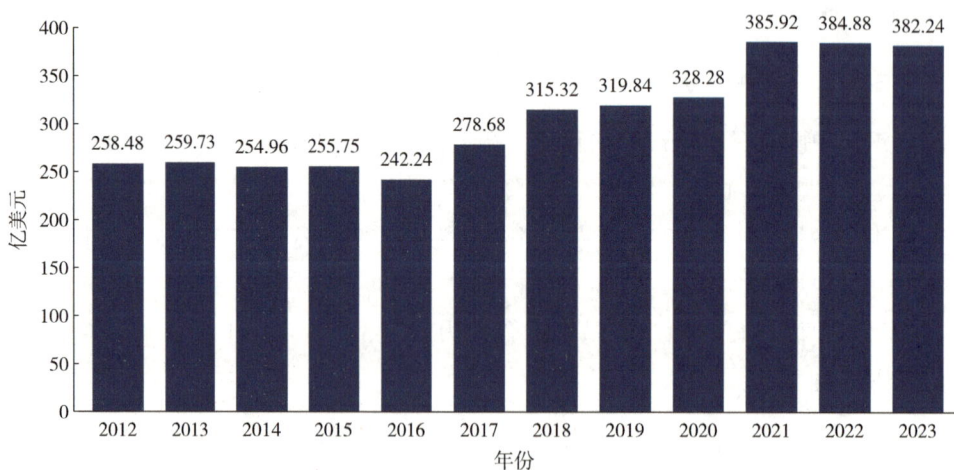

图 1-69　2012—2023 年中国与日本保税物流进出口金额走势

数据来源：瀚闻资讯。

4. 中日其他贸易规模分析

2023年，中国与日本进出口占比位于第四的贸易方式是其他贸易，进出口金额为48.46亿美元（见图1-70），比2022年下降25.59%，占进出口总值的1.52%。

2023年，中国对日本其他贸易出口金额为21.03亿美元，比2022年下降18.02%，占出口总值的1.34%。

2023年，中国自日本其他贸易进口金额为27.43亿美元，比2022年下降30.52%，占进口总值的1.71%。

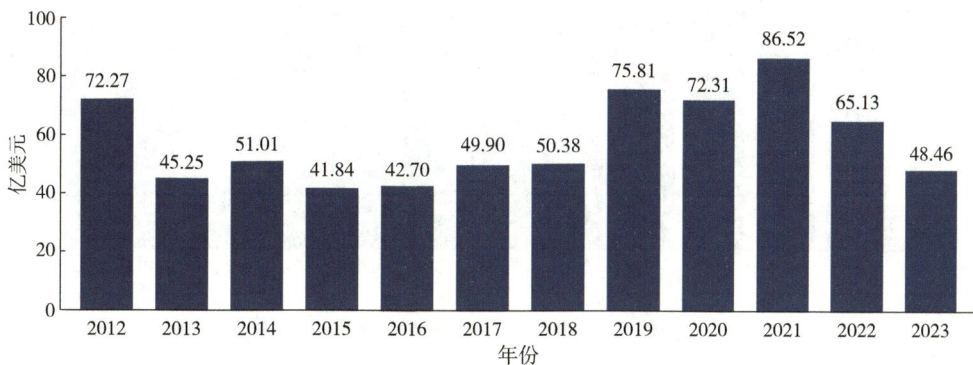

图1-70　2012—2023年中国与日本其他贸易进出口金额走势
数据来源：瀚闻资讯。

5. 中日机电产品的贸易方式分析

2023年，中国与日本机电产品进出口总值为1 423.90亿美元。其中，一般贸易进出口655.88亿美元，占比为46.1%（见图1-71）。按进出口拆解，2023年，中国对日本机电产品一般贸易出口金额为236.61亿美元，占比为36.66%；一般贸易进口金额为419.27亿美元，占比为53.86%。

图1-71　2012—2023年中国与日本进出口机电产品贸易方式结构
数据来源：瀚闻资讯。

6. 中日运输设备的贸易方式分析

2023年，中国与日本运输设备进出口总值195.68亿美元，其中，一般贸易进出口金额为148.48亿美元，占比为75.9%（见图1-72）。按进出口拆解，2023年，中国对日本运输设备一般贸易出口金额为44.96亿美元，占比为61.11%；一般贸易进口金额为103.52亿美元，占比为84.78%。

图1-72　2012—2023年中国与日本进出口运输设备贸易方式结构

数据来源：瀚闻资讯。

7. 中日纺织服装的贸易方式分析

2023年，中国与日本纺织服装进出口总值为188.12亿美元，其中，一般贸易进出口金额为143.46亿美元，占比为76.3%（见图1-73）。按进出口拆解，2023年，中国对日本纺织服装一般贸易出口金额为132.84亿美元，占比为79.41%；一般贸易进口金额为10.62亿美元，占比为50.98%。

图1-73　2012—2023年中国与日本进出口纺织服装的贸易方式结构

数据来源：瀚闻资讯。

二、中国省（自治区、直辖市）与日本货物贸易合作

（一）中国省（自治区、直辖市）与日本货物贸易规模

2023年，在全部中国省（自治区、直辖市）中，4个与日本进出口总值保持增长。其中，与日本进出口排名前十的省（直辖市）是广东省、江苏省、上海市、山东省、浙江省、北京市、辽宁省、福建省、天津市、安徽省（见图1-74）。这10个省市进出口合计为2 806.91亿美元，占比合计为88.27%。从规模来看，广东省进出口金额为601亿美元，排名第一；其次为江苏省，进出口金额为556亿美元；再次为上海市，进出口金额为556亿美元。从增速来看，西藏自治区进出口同比增长453.45%，排名第一；其次为新疆维吾尔自治区，进出口同比增长24.05%；再次为河南省，进出口同比增长23.14%。

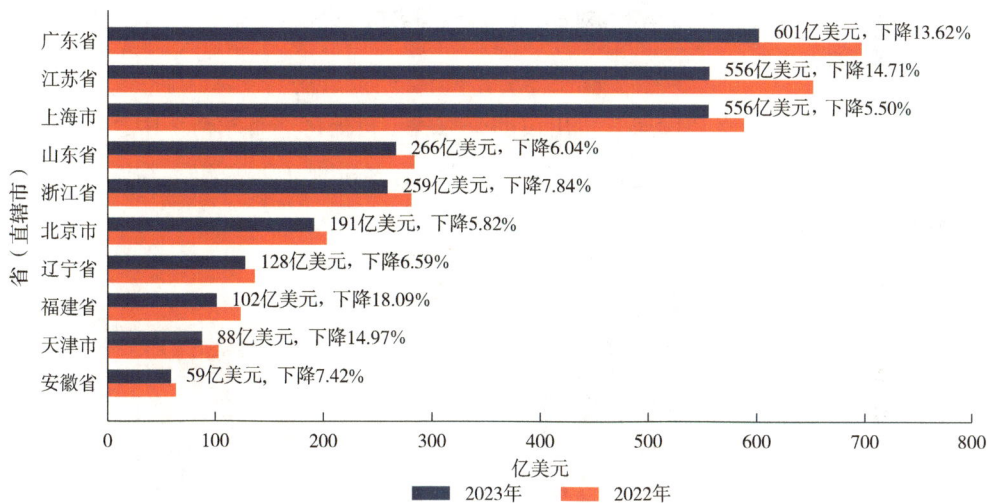

图 1-74　2023 年我国与日本进出口排名前十的省（直辖市）

数据来源：瀚闻资讯。

1. 中国省（自治区、直辖市）对日本的出口贸易规模

2023年，在中国省（自治区、直辖市）中，有6个省份对日本出口总值保持增长。其中，对日本出口排名前十的省（直辖市）是江苏省、广东省、上海市、山东省、浙江省、辽宁省、福建省、河南省、北京市、天津市（见图1-75）。这些省市的出口合计为1 389.28亿美元，占比合计为88.19%。从规模来看，江苏省出口金额为294亿美元，排名第一；其次为广东省，出口金额为276亿美元；再次为上海市，出口金额为204亿美元。从增速来看，西藏自治区出口同比增长457.05%，排名第一；其次为河南省，出口同比增长57.71%；再次为山西省，出口同比增长4.28%。

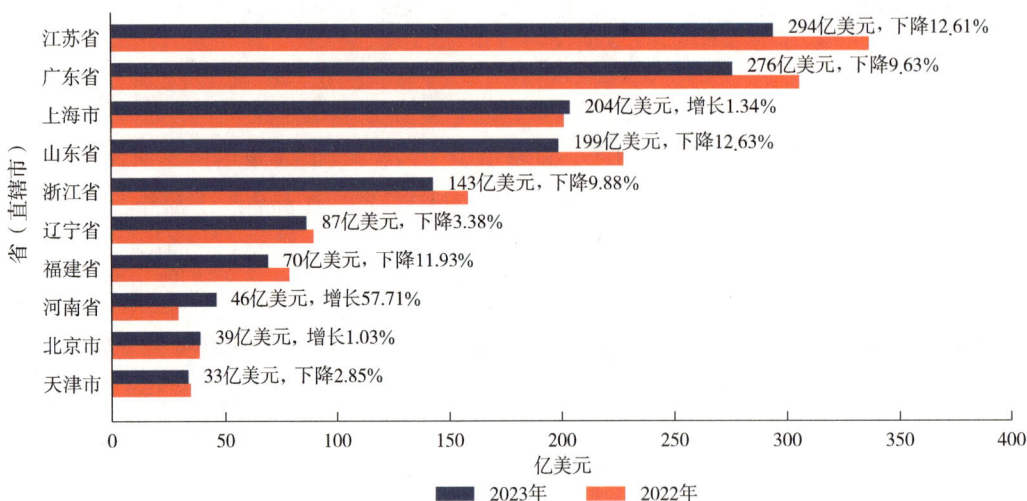

图 1-75　2023 年我国对日本出口金额排名前十的省（直辖市）

数据来源：瀚闻资讯。

从历年走势来看，在我国对日本出口的全部省（自治区、直辖市）中，有 17 个年均正增长，其中有 8 个年均增速超过 5%。区间峰值多出现于 2022 年，谷值多出现于 2016 年（见图 1-76）。

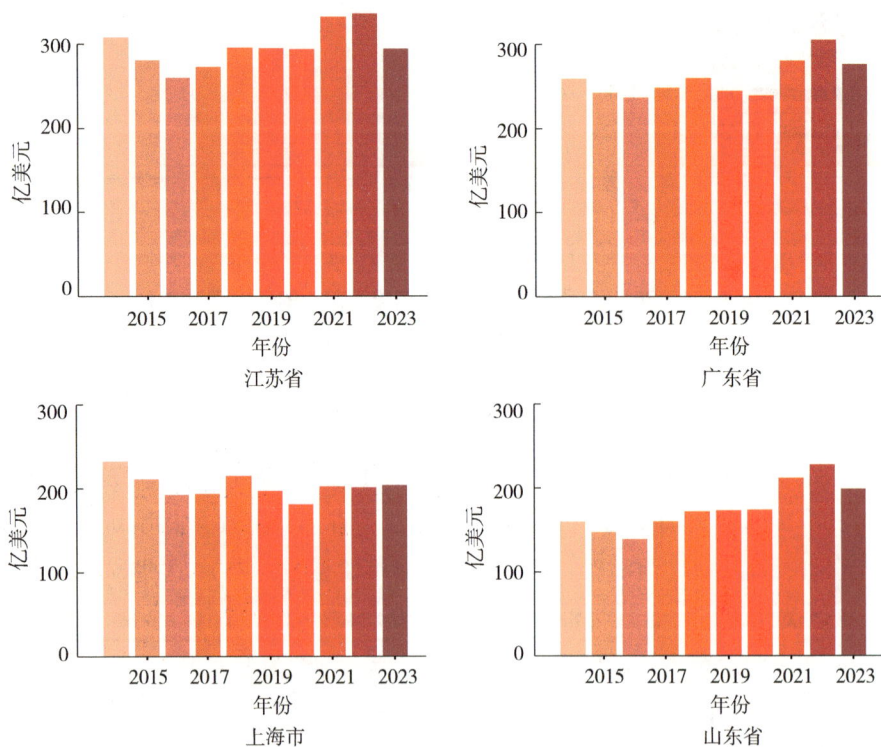

图 1-76　2023 年对日本出口金额排名前十的省（直辖市）及历年走势

数据来源：瀚闻资讯。

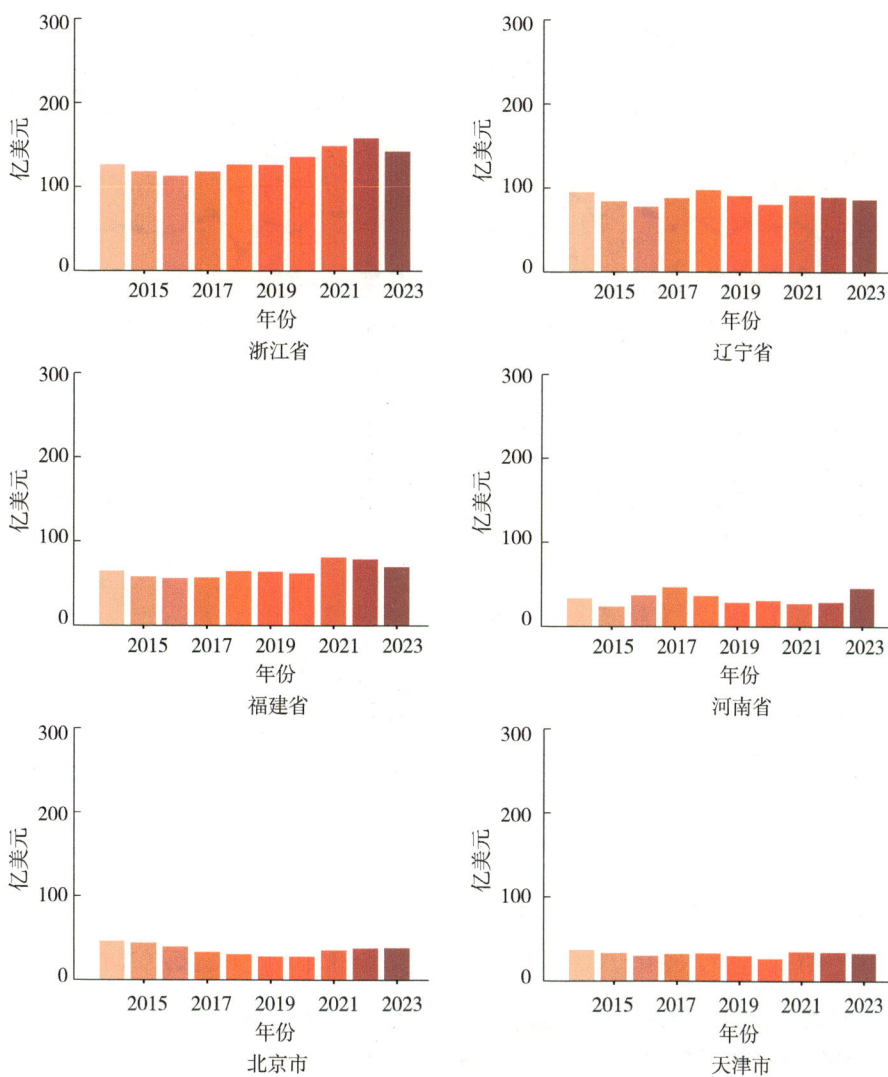

图 1-76（续）

数据来源：瀚闻资讯。

从月度走势来看，在我国对日本出口的全部省（自治区、直辖市）中，有17个按月统计波动率高于20.00%。月度走势总体振幅较大，区间峰值多出现于1月，谷值多出现于2月（见图1-77）。

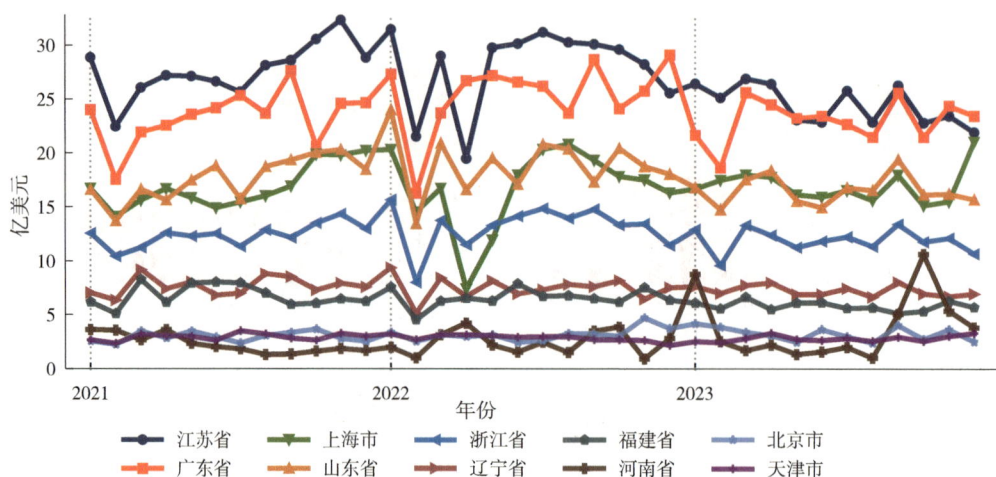

图1-77　2023年我国对日本出口排名前十的省（自治区、直辖市）及月度走势

数据来源：瀚闻资讯。

2. 中国省（自治区、直辖市）自日本进口贸易规模

2023年，在我国自日本进口的省（自治区、直辖市）中，有5个总值保持增长。其中，自日本进口排名前十的省（直辖市）是上海市、广东省、江苏省、北京市、浙江省、山东省、天津市、辽宁省、安徽省、湖北省。这些省市进口合计为1 439.64亿美元，占比合计为89.71%。从规模来看，上海市进口金额为352亿美元，排名第一；其次为广东省，进口金额为325亿美元；再次为江苏省，进口金额为262亿美元（见图1-78）。从增速来看，西藏自治区进口同比增长329.80%，排名第一；其次为新疆维吾尔自治区，进口同比增长71.17%；再次为山东省，进口同比增长20.59%。

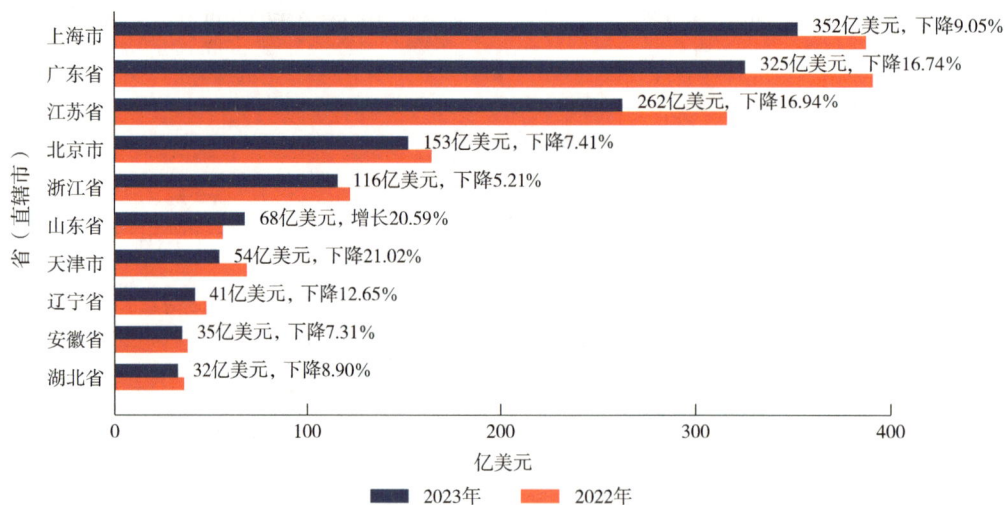

上海市　352亿美元，下降9.05%
广东省　325亿美元，下降16.74%
江苏省　262亿美元，下降16.94%
北京市　153亿美元，下降7.41%
浙江省　116亿美元，下降5.21%
山东省　68亿美元，增长20.59%
天津市　54亿美元，下降21.02%
辽宁省　41亿美元，下降12.65%
安徽省　35亿美元，下降7.31%
湖北省　32亿美元，下降8.90%

图1-78　2023年自日本进口金额排名前十的省（直辖市）

数据来源：瀚闻资讯。

　　从历年走势来看，2023年在我国各省（自治区、直辖市）中，有17个年均正增长，其中有8个年均增速超过5%。区间峰值多出现于2021年，谷值多出现于2015年（见图1-79）。

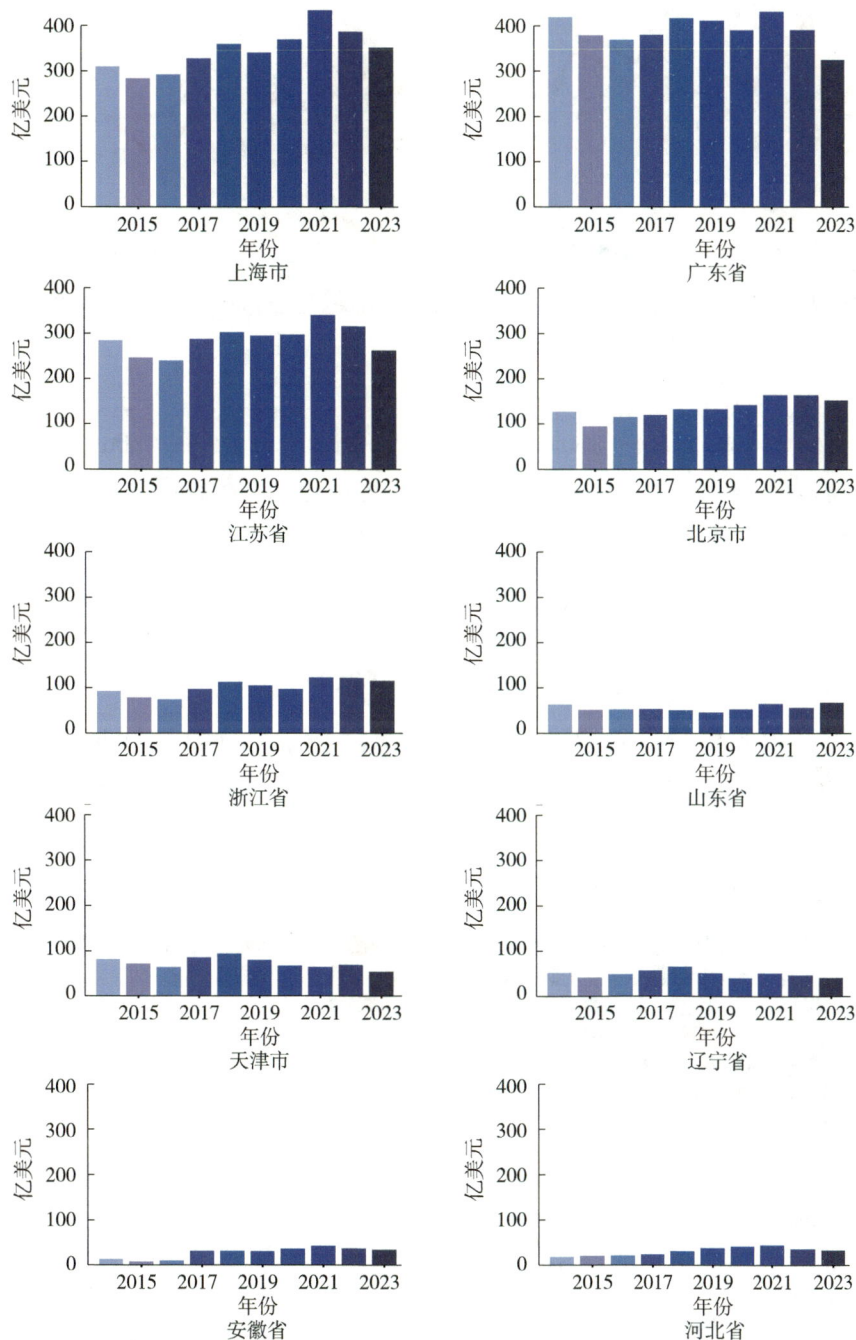

图 1-79　2023 年自日本进口金额排名前十的省（直辖市）及历年走势

数据来源：瀚闻资讯。

从月度走势来看，在我国自日本进口的省（自治区、直辖市）中，有24个按月统计波动率不高于20.00%。月度走势总体平稳，区间峰值多出现于3月，谷值多出现于1月（见图1-80）。

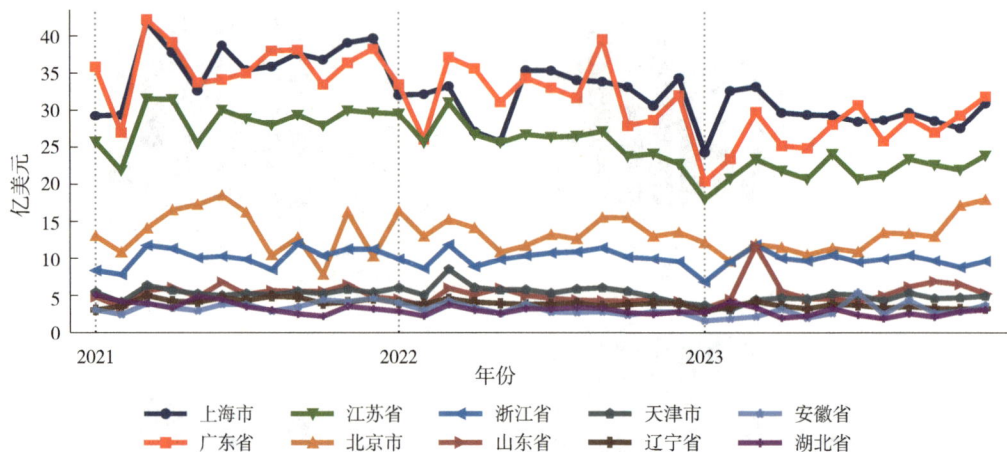

图 1-80　2023 年自日本进口金额排名前十的省（自治区、直辖市）及月度走势

数据来源：瀚闻资讯。

（二）中国省（自治区、直辖市）与日本货物贸易结构

1. 中国省（自治区、直辖市）对日本出口贸易结构

从商品结构来看，在2023年对日本出口排名前十的省（自治区、直辖市）中，机电产品（84～85章）均为主要商品（类），贱金属（72～83章）、化学产品（28～38章）、纺织服装（50～63章）、运输设备（86～89章）是多数省（自治区、直辖市）对日本出口的主要商品（类）（见图1-81、表1-1）。

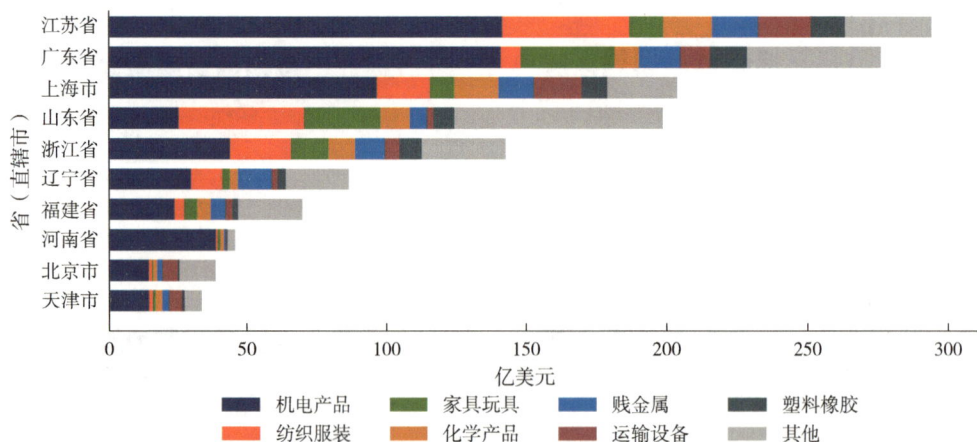

图 1-81　2023 年中国对日本出口金额排名前十的省（直辖市）贸易结构

数据来源：瀚闻资讯。

表1-1 2023年中国对日本出口金额排名前十的商品品目

编码	编码描述	出口额（亿美元）	增速（%）	中国主要出口地区	日本主要进口地区
8517	电话机等	109.3	8.0	河南省（34%）、江苏省（29%）、广东省（12%）	千叶县（72%）、大阪府（18%）、东京都（7%）
8471	自动数据处理设备及其部件	80.1	-18.0	四川省（17%）、江苏省（16%）、重庆市（15%）	东京都（45%）、千叶县（40%）、大阪府（6%）
8708	机动车的零件、附件	42.4	20.5	江苏省（29%）、上海市（15%）、广东省（15%）	爱知县（20%）、福冈县（18%）、东京都（17%）
8542	集成电路	31.2	-6.8	上海市（58%）、江苏省（11%）、陕西省（7%）	千叶县（52%）、东京都（21%）、大阪府（11%）
8507	蓄电池	25.1	44.2	上海市（31%）、江苏省（18%）、广东省（17%）	神奈川县（34%）、爱知县（25%）、东京都（18%）
6110	针织或钩编的套头衫、开襟衫、外穿背心及类似品	23.2	-8.5	山东省（38%）、江苏省（27%）、浙江省（12%）	东京都（41%）、大阪府（29%）、爱知县（14%）
9504	视频游戏控制器及设备等室内游戏用品	22.2	25.1	山东省（77%）、广东省（15%）、江苏省（5%）	大阪府（39%）、东京都（25%）、静冈县（20%）
4202	各种箱、包、盒、套等容器类	21.6	-11.8	广东省（30%）、山东省（14%）、浙江省（14%）	东京都（47%）、大阪府（27%）、千叶县（6%）
8528	监视器及投影机、电视接收装置	20.8	-14.3	江苏省（30%）、广东省（27%）、山东省（15%）	东京都（55%）、大阪府（31%）、神奈川县（6%）
8544	绝缘电线、电缆，光缆	20.1	-3.9	广东省（32%）、江苏省（26%）、浙江省（10%）	爱知县（28%）、东京都（21%）、大阪府（16%）

注：括号中的百分比为出口（进口）份额，即特定地方特定商品占同期全国同类商品贸易额的比重。

数据来源：中国方面份额由中国海关数据计算得出；日本方面份额由日本海关数据计算得出。

2.中国省（自治区、直辖市）自日本进口的贸易结构

从商品结构来看，在2023年自日本进口金额排名前十的省（自治区、直辖市）中，机电产品（84~85章）均为主要商品（类），化学产品（28~38章）、仪器仪表（90~92章）、贱金属（72~83章）是多数省（自治区、直辖市）自日本进口的主要商品（类）（见图1-82、表1-2）。

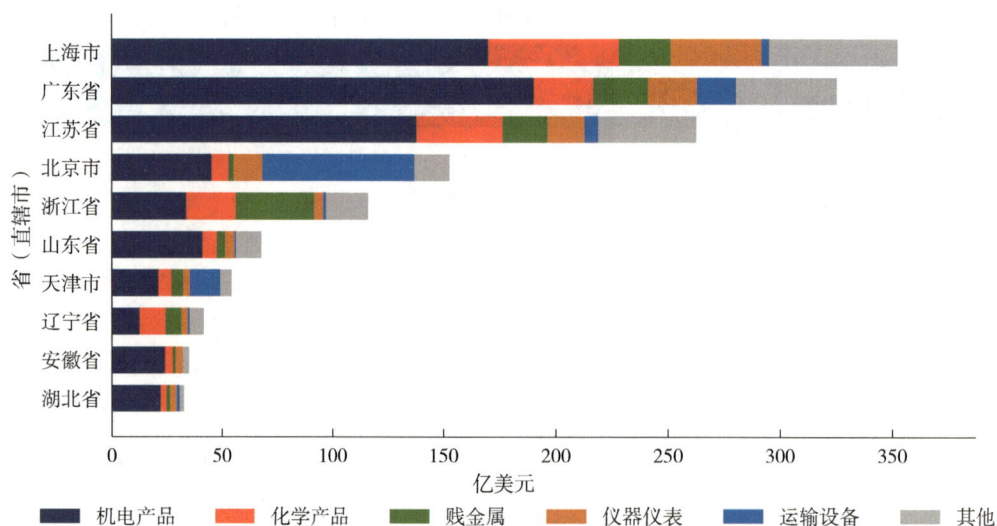

图 1-82　2023 年自日本进口金额排名前十的省（直辖市）贸易结构

数据来源：瀚闻资讯。

表 1-2　2023 年中国自日本进口金额排名前十的商品品目

编码	编码描述	进口金额（亿美元）	增速（%）	中国主要进口地区	日本主要出口地区
8542	集成电路	207.5	3.5	广东省（33%）、上海市（26%）、江苏省（9%）	大阪府（58%）、千叶县（19%）、福冈县（13%）
8486	制造半导体单晶柱或晶圆、半导体器件、集成电路或平板显示器的机器及装置	114.2	6.4	上海市（16%）、广东省（13%）、湖北省（12%）	千叶县（31%）、大阪府（12%）、山口县（11%）
8703	载人的机动车辆	79.4	-17.9	北京市（84%）、天津市（11%）、广东省（2%）	福冈县（78%）、爱知县（19%）、神奈川县（3%）
8708	机动车的零件、附件	38.6	-31.1	广东省（39%）、江苏省（13%）、天津市（13%）	爱知县（78%）、静冈县（8%）、东京都（5%）
8479	其他机器及机械器具	37.4	-14.8	上海市（32%）、江苏省（22%）、广东省（22%）	东京都（23%）、神奈川县（22%）、兵库县（16%）
3304	美容品或化妆品及护肤品（药品除外）	35.0	-22.3	上海市（41%）、浙江省（16%）、海南省（15%）	兵库县（34%）、东京都（24%）、大阪府（19%）
8532	电容器	32.7	-19.2	广东省（35%）、江苏省（26%）、上海市（18%）	大阪府（54%）、千叶县（33%）、东京都（5%）
8541	二极管、晶体管及类似的半导体器件	32.3	-20.9	广东省（38%）、江苏省（23%）、上海市（17%）	大阪府（57%）、千叶县（25%）、爱知县（9%）

编码	编码描述	进口金额（亿美元）	增速（%）	中国主要进口地区	日本主要出口地区
8536	电路开关、保护或连接用的电气装置，光导纤维、光导纤维束或光缆用连接器	27.8	-24.7	广东省（33%）、江苏省（21%）、上海市（21%）	千叶县（27%）、大阪府（27%）、爱知县（17%）
3920	其他非泡沫塑料的板、片、膜、箔及扁条	27.6	-2.9	江苏省（44%）、广东省（25%）、上海市（12%）	兵库县（30%）、大阪府（16%）、福冈县（9%）

注：括号中的百分比为进口（出口）份额，即特定地方特定商品占同期全国同类商品贸易额的比重。

数据说明：中国方面份额由中国海关数据计算得出；日本方面份额由日本海关数据计算得出。

（三）中国省（自治区、直辖市）与日本货物贸易中的优势商品

1.中国省（自治区、直辖市）对日本出口的优势商品

本节通过计算优势指数、拉动度以及全国份额等指标，筛选出中国省（自治区、直辖市）对日本贸易的优势商品。其中，"金额"为该商品当年贸易金额；"增速"为该商品当年贸易金额较上年同期增长幅度；"份额"为该商品占全国同类商品的贸易份额；"优势指数"为该商品在当地的贸易份额与全国同类商品占全国贸易份额的比值；"拉动度"为该商品贸易增长额与当地上年同期贸易总值的比值，同时列举日本贸易规模排名前三的地区及份额。

（1）广东省对日本出口的优势商品分析

广东省对日本出口的优势商品分析如表1-3、图1-83所示。

表1-3　2023年广东省对日本出口的优势商品分析

编码	编码描述	金额（亿美元）	增速（%）	份额（%）	优势指数	拉动度	日本主要进口地区
8525	无线电广播、电视发送设备，电视摄像机、数字照相机及视频摄录一体机	2.40	21.67	28.30	1.61	0.14	东京都（27%）、千叶县（22%）、爱知县（21%）
8703	载人的机动车辆	1.49	264.24	24.34	1.39	0.35	爱知县（55%）、神奈川县（37%）、千叶县（7%）
2711	石油气及其他烃类气	1.41	339 273.81	61.28	3.50	0.46	神奈川县（49%）、山口县（26%）、千叶县（26%）

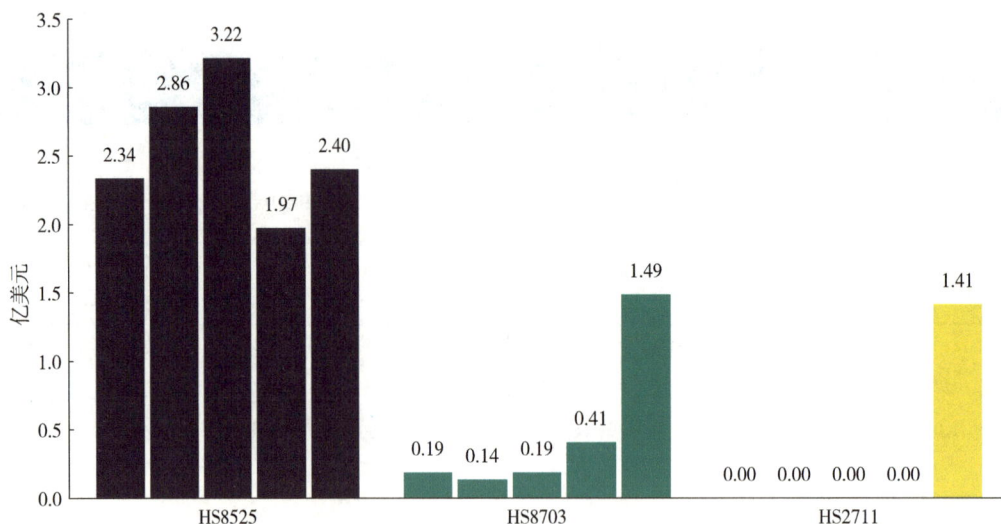

图1-83　2023年广东省对日本出口的优势商品及近5年走势

数据来源：瀚闻资讯。

（2）江苏省对日本出口的优势商品分析

江苏省对日本出口的优势商品分析如表1-4、图1-84所示。

表1-4　2023年江苏省对日本出口的优势商品分析

编码	编码描述	金额（亿美元）	增速（%）	份额（%）	优势指数	拉动度	日本主要进口地区
8517	电话机等	31.88	3.83	29.17	1.56	0.35	千叶县（72%）、大阪府（18%）、东京都（7%）
8708	机动车的零件、附件	12.35	23.66	29.09	1.56	0.70	爱知县（20%）、福冈县（18%）、东京都（17%）
6505	针织或钩编的帽类，用成匹的花边、毡呢或其他纺织物（条带除外）制成的帽带，不论有无衬里或装饰物；任何材料制的发网，不论有无衬里或装饰物	1.24	38.34	47.59	2.55	0.10	东京都（42%）、大阪府（30%）、爱知县（11%）

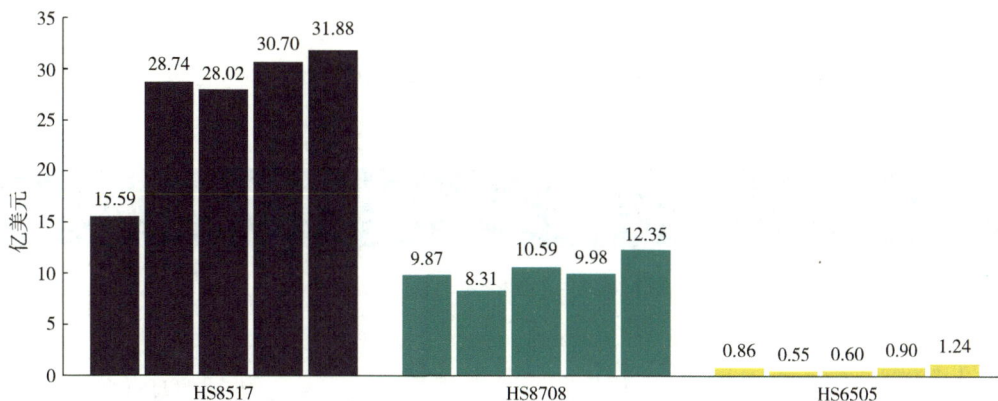

图1-84　2023年江苏省对日本出口的优势商品及近5年走势

数据来源：瀚闻资讯。

（3）上海市对日本出口的优势商品分析

上海市对日本出口的优势商品分析如表1-5、图1-85所示。

表1-5　2023年上海市对日本出口的优势商品分析

编码	编码描述	金额（亿美元）	增速（%）	份额（%）	优势指数	拉动度	日本主要进口地区
8542	集成电路	18.21	56.27	58.36	4.51	3.26	千叶县（52%）、东京都（21%）、大阪府（11%）
8507	蓄电池	7.86	158.02	31.38	2.43	2.40	神奈川县（34%）、爱知县（25%）、东京都（18%）
8524	平板显示模组	2.58	35.42	18.54	1.43	0.34	东京都（31%）、大阪府（26%）、爱知县（17%）

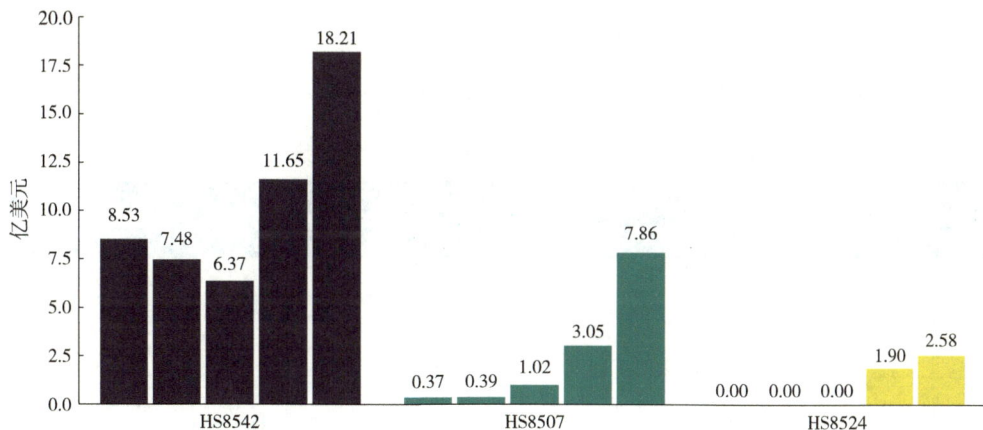

图1-85　2023年上海市对日本出口的优势商品及近5年走势

数据来源：瀚闻资讯。

（4）浙江省对日本出口的优势商品分析

浙江省对日本出口的优势商品分析如表1-6、图1-86所示。

表1-6　2023年浙江省对日本出口的优势商品分析

编码	编码描述	金额（亿美元）	增速（%）	份额（%）	优势指数	拉动度	日本主要进口地区
4202	各种箱、包、盒、套等容器类	2.99	14.45	13.83	1.53	0.24	东京都（47%）、大阪府（27%）、千叶县（6%）
2710	成品油	1.42	149.77	13.40	1.48	0.54	千叶县（34%）、北海道（27%）、冲绳县（13%）
8703	载人的机动车辆	1.23	373.72	20.17	2.23	0.61	爱知县（55%）、神奈川县（37%）、千叶县（7%）

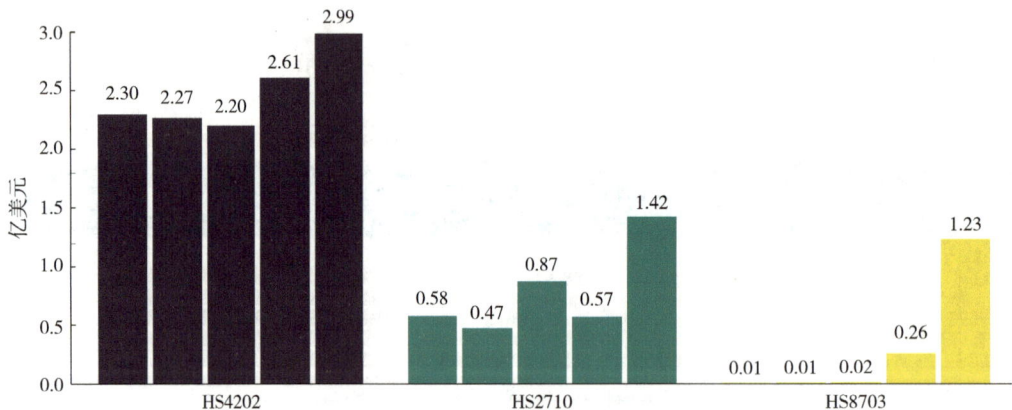

图1-86　2023年浙江省对日本出口优势商品及近5年走势

数据来源：瀚闻资讯。

（5）山东省对日本出口的优势商品分析

山东省对日本出口的优势商品分析如表1-7、图1-87所示。

表1-7　2023年山东省对日本出口的优势商品分析

编码	编码描述	金额（亿美元）	增速（%）	份额（%）	优势指数	拉动度	日本主要进口地区
9504	视频游戏控制器及设备等室内游戏用品	17.11	41.90	77.03	6.11	2.22	大阪府（39%）、东京都（25%）、静冈县（20%）
2701	煤，煤砖、煤球及用煤制成的类似固体燃料	3.31	77.93	77.74	6.17	0.64	福冈县（40%）、爱知县（33%）、茨城县（10%）

编码	编码描述	金额（亿美元）	增速（%）	份额（%）	优势指数	拉动度	日本主要进口地区
2304	提炼豆油所得的油渣饼及其他固体残渣，不论是否碾磨或制成团粒	1.20	194.33	37.40	2.97	0.35	鹿儿岛县（46%）、北海道（25%）、茨城县（8%）

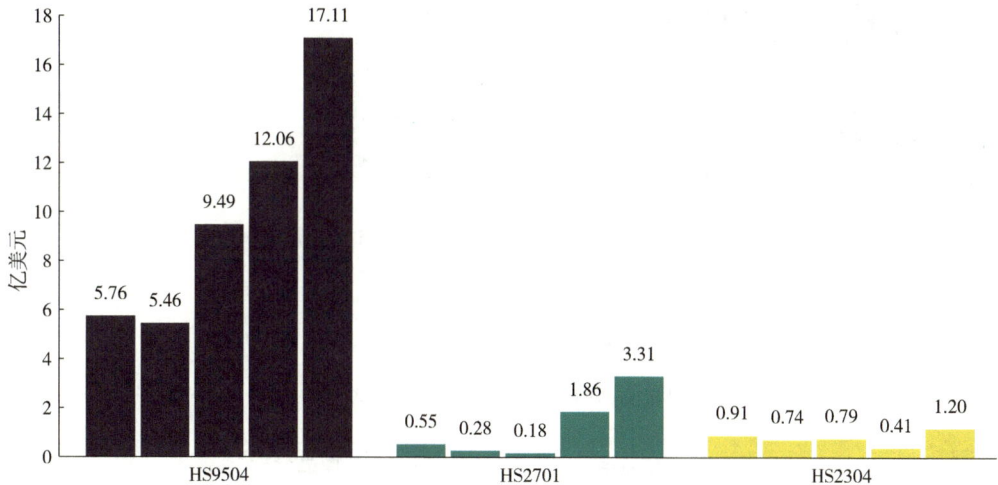

图1-87　2023年山东省对日本出口的优势商品及近5年走势

数据来源：瀚闻资讯。

（6）北京市对日本出口的优势商品分析

北京市对日本出口的优势商品分析如表1-8、图1-88所示。

表1-8　2023年北京市对日本出口的优势商品分析

编码	编码描述	金额（亿美元）	增速（%）	份额（%）	优势指数	拉动度	日本主要进口地区
2710	成品油	7.51	44.75	70.78	28.82	6.07	千叶县（34%）、北海道（27%）、冲绳县（13%）
8708	机动车的零件、附件	5.54	40.80	13.04	5.31	4.19	爱知县（20%）、福冈县（18%）、东京都（17%）
8409	专用于或主要用于品目8407或8408所列发动机的零件	1.65	145.20	30.97	12.61	2.55	神奈川县（31%）、爱知县（28%）、大阪府（12%）

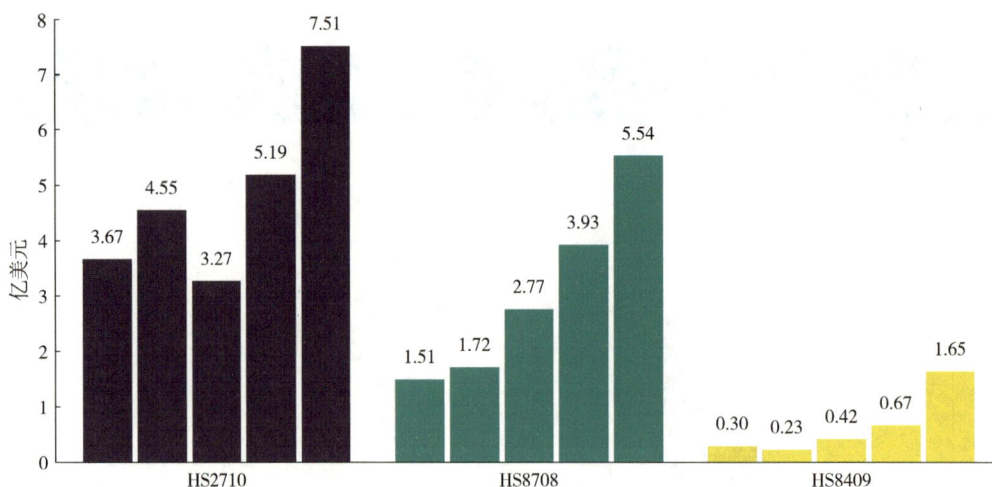

图 1-88　2023 年北京市对日本出口的优势商品及近 5 年走势

数据来源：瀚闻资讯。

（7）辽宁省对日本出口的优势商品分析

辽宁省对日本出口的优势商品分析如表 1-9、图 1-89 所示。

表 1-9　2023 年辽宁省对日本出口的优势商品分析

编码	编码描述	金额（亿美元）	增速（%）	份额（%）	优势指数	拉动度	日本主要进口地区
7308	钢铁结构体及其部件	5.73	26.38	43.32	7.88	1.34	爱媛县（14%）、香川县（10%）、东京都（10%）
2601	铁矿砂及其精矿	3.19	67.78	19.11	3.48	1.44	广岛县（100%）
8507	蓄电池	2.87	529.35	11.46	2.09	2.70	神奈川县（34%）、爱知县（25%）、东京都（18%）

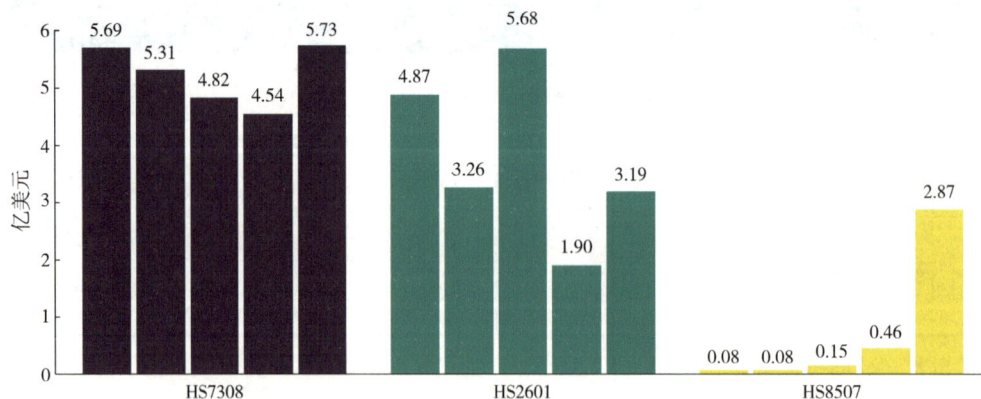

图 1-89　2023 年辽宁省对日本出口的优势商品及近 5 年走势

数据来源：瀚闻资讯。

（8）天津市对日本出口的优势商品分析

天津市对日本出口的优势商品分析如表1–10、图1–90所示。

表1–10　2023年天津市对日本出口的优势商品分析

编码	编码描述	金额（亿美元）	增速（%）	份额（%）	优势指数	拉动度	日本主要进口地区
8507	蓄电池	3.07	128.26	12.23	5.77	5.01	神奈川县（34%）、爱知县（25%）、东京都（18%）
8518	传声器（麦克风）及其座架，扬声器，耳机、耳塞	1.54	198.34	19.84	9.35	2.98	东京都（33%）、爱知县（20%）、千叶县（19%）
9031	本章其他品目未列名称的测量或检验仪器、器具及机器，轮廓投影仪	0.65	454.53	11.70	5.51	1.54	大阪府（30%）、东京都（24%）、千叶县（15%）

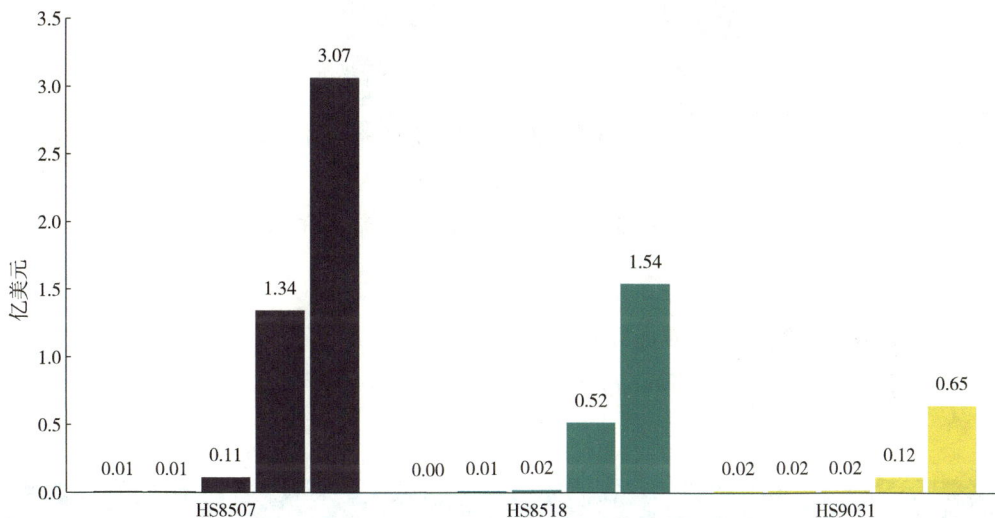

图1–90　2023年天津市对日本出口的优势商品及近5年走势

数据来源：瀚闻资讯。

（9）福建省对日本出口的优势商品分析

福建省对日本出口的优势商品分析如表1–11、图1–91所示。

表1–11　2023年福建省对日本出口的优势商品分析

编码	编码描述	金额（亿美元）	增速（%）	份额（%）	优势指数	拉动度	日本主要进口地区
8524	平板显示模组	1.65	33.77	11.88	2.69	0.53	东京都（31%）、大阪府（26%）、爱知县（17%）
2842	其他无机酸盐及过氧酸盐等	1.51	58.44	27.20	6.15	0.71	茨城县（55%）、福冈县（11%）、东京都（10%）

续　表

编码	编码描述	金额（亿美元）	增速（%）	份额（%）	优势指数	拉动度	日本主要进口地区
8702	客运机动车辆，≥10座（包括驾驶座）	0.35	1 679.57	59.71	13.51	0.42	山口县（77%）、神奈川县（10%）、爱知县（7%）

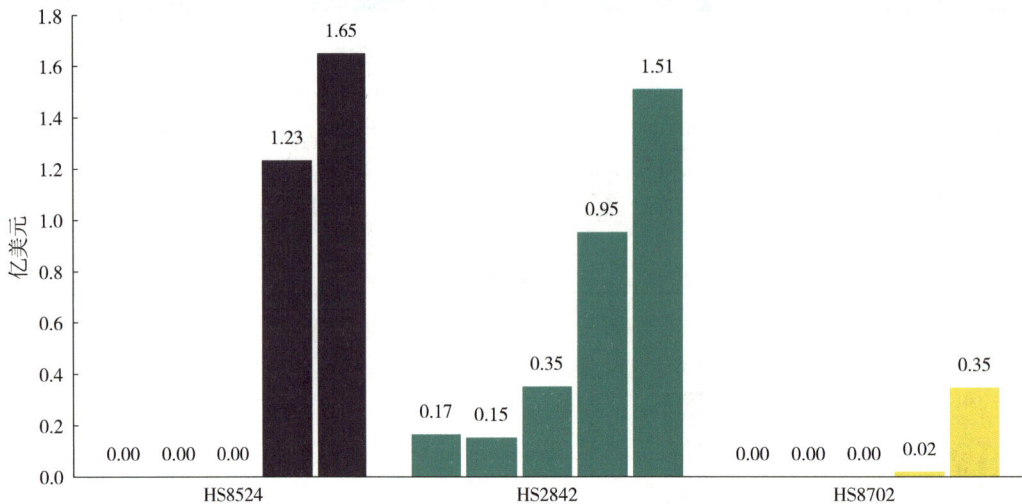

图1-91　2023年福建省对日本出口的优势商品及近5年走势

数据来源：瀚闻资讯。

（10）河南省对日本出口的优势商品分析

河南省对日本出口的优势商品分析如表1-12、图1-92所示。

表1-12　2023年河南省对日本出口的优势商品分析

编码	编码描述	金额（亿美元）	增速（%）	份额（%）	优势指数	拉动度	日本主要进口地区
8517	电话机等	37.67	100.46	34.48	11.83	64.86	千叶县（72%）、大阪府（18%）、东京都（7%）
8529	专用于或主要用于品目8525至8528所列装置或设备的零件	0.28	4 404.69	3.98	1.37	0.95	千叶县（26%）、东京都（18%）、大阪府（12%）
6704	假发、假胡须、假眉毛、假睫毛及类似品	0.18	129.93	22.83	7.83	0.35	大阪府（52%）、东京都（20%）、千叶县（16%）

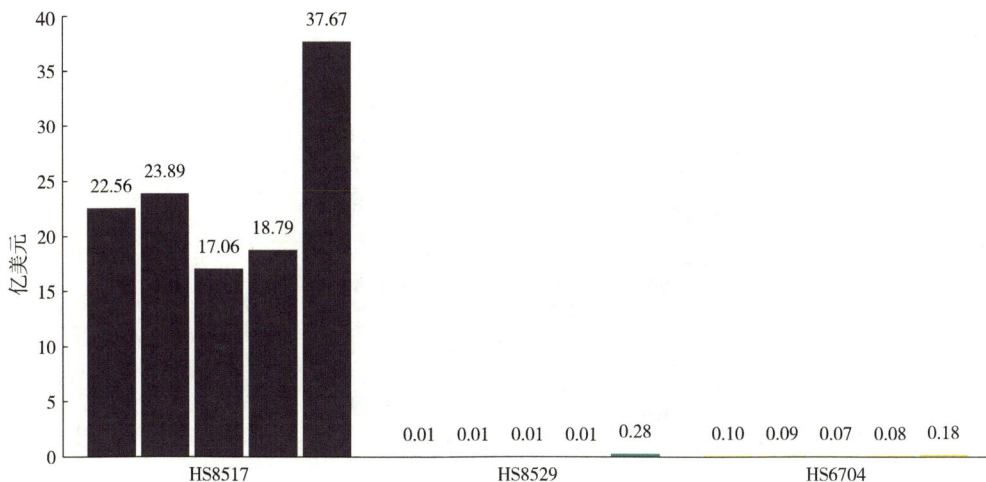

图 1-92　2023 年河南省对日本出口的优势商品及近 5 年走势

数据来源：瀚闻资讯。

2. 中国省（自治区、直辖市）自日本进口的优势商品

（1）广东省自日本进口的优势商品分析

广东省自日本进口的优势商品分析如表1-13、图1-93所示。

表1-13　2023年广东省自日本进口的优势商品分析

编码	编码描述	金额（亿美元）	增速（%）	份额（%）	优势指数	拉动度	日本主要出口地区
7602	铝废碎料	1.53	19.16	36.73	1.81	0.06	神奈川县（37%）、福冈县（18%）、东京都（11%）
8411	涡轮喷气发动机，涡轮螺桨发动机及其他燃气轮机	1.35	21.05	39.48	1.95	0.06	兵库县（47%）、千叶县（29%）、大阪府（20%）
7005	浮法玻璃板、片及表面研磨或抛光玻璃板、片，不论是否有吸收、反射或非反射层，但未经其他加工	1.22	44.69	61.06	3.01	0.10	兵库县（70%）、大阪府（21%）、神奈川县（3%）

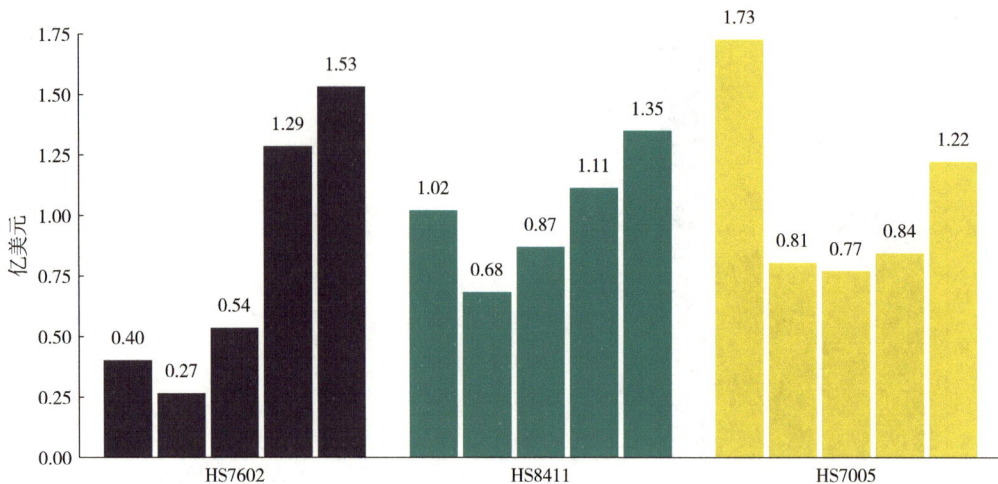

图1-93　2023年广东省自日本进口的优势商品及近5年走势

数据来源：瀚闻资讯。

（2）江苏省自日本进口的优势商品分析

江苏省自日本进口的优势商品分析如表1-14、图1-94所示。

表1-14　2023年江苏省自日本进口的优势商品分析

编码	编码描述	金额 （亿美元）	增速 （%）	份额 （%）	优势指数	拉动度	日本主要出口地区
8477	本章其他品目未列名称的橡胶或塑料及其产品的加工机器	6.89	52.43	48.62	2.97	0.75	兵库县（66%）、神奈川县（16%）、东京都（7%）
8444	化学纺织纤维挤压、拉伸、变形或切割机器	5.02	39.79	81.50	4.98	0.45	爱媛县（52%）、兵库县（46%）、爱知县（1%）
8419	非电热的快速热水器或贮备式热水器等	1.81	113.91	35.52	2.17	0.30	神奈川县（33%）、兵库县（19%）、爱知县（14%）

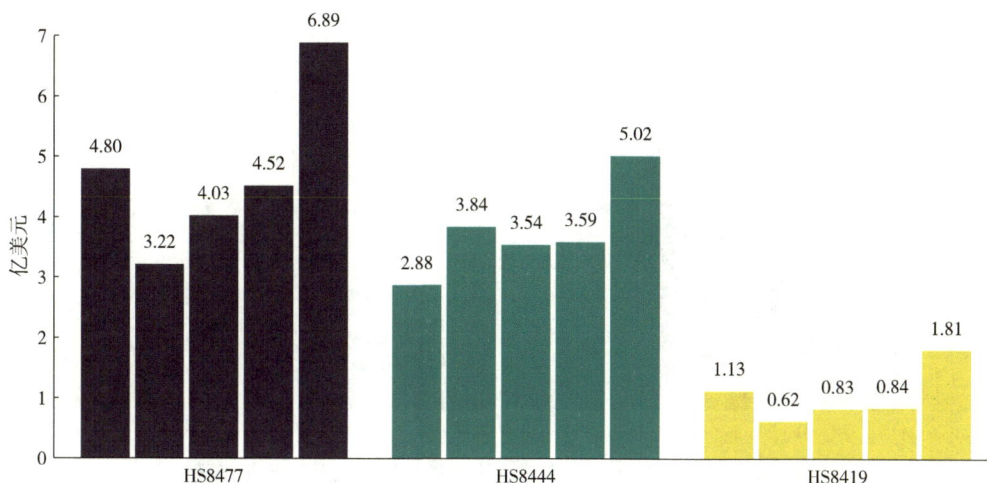

图1-94　2023年江苏省自日本进口的优势商品及近5年走势

数据来源：瀚闻资讯。

（3）上海市自日本进口的优势商品分析

上海市自日本进口的优势商品分析如表1-15、图1-95所示。

表1-15　2023年上海市自日本进口的优势商品分析

编码	编码描述	金额（亿美元）	增速（%）	份额（%）	优势指数	拉动度	日本主要出口地区
3822	诊断或实验用配制试剂；检定参照物	3.34	18.89	73.54	3.35	0.14	兵库县（64%）、千叶县（20%）、神奈川县（9%）
3701	未曝光的摄影感光硬片及平面软片等；未曝光的一次成像感光平面软片	1.08	32.71	38.94	1.77	0.07	千叶县（53%）、神奈川县（34%）、大阪府（6%）
9504	视频游戏控制器及设备等室内游戏用品	0.78	81.73	31.31	1.43	0.09	东京都（51%）、大阪府（31%）、千叶县（9%）

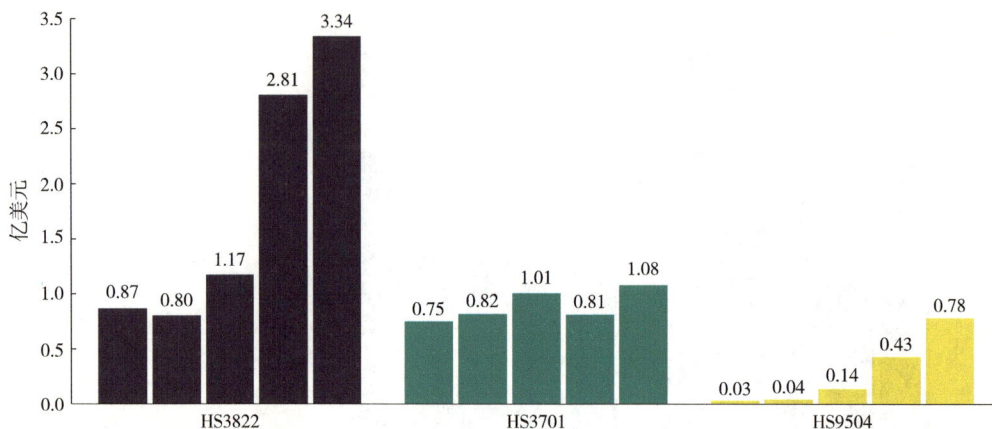

图1-95　2023年上海市自日本进口的优势商品及近5年走势

数据来源：瀚闻资讯。

（4）浙江省自日本进口的优势商品分析

浙江省自日本进口的优势商品分析如表1-16、图1-96所示。

表1-16　2023年浙江省自日本进口的优势商品分析

编码	编码描述	金额（亿美元）	增速（%）	份额（%）	优势指数	拉动度	日本主要出口地区
7404	铜废碎料	15.72	23.59	72.56	10.03	2.45	神奈川县（43%）、大阪府（17%）、爱知县（11%）
7403	未锻轧的精炼铜及铜合金	9.42	8.23	54.06	7.47	0.58	大分县（42%）、冈山县（30%）、大阪府（12%）
7204	钢铁废碎料；供再熔的碎料钢铁锭	1.88	30.64	73.13	10.11	0.36	神奈川县（25%）、大阪府（15%）、爱知县（12%）

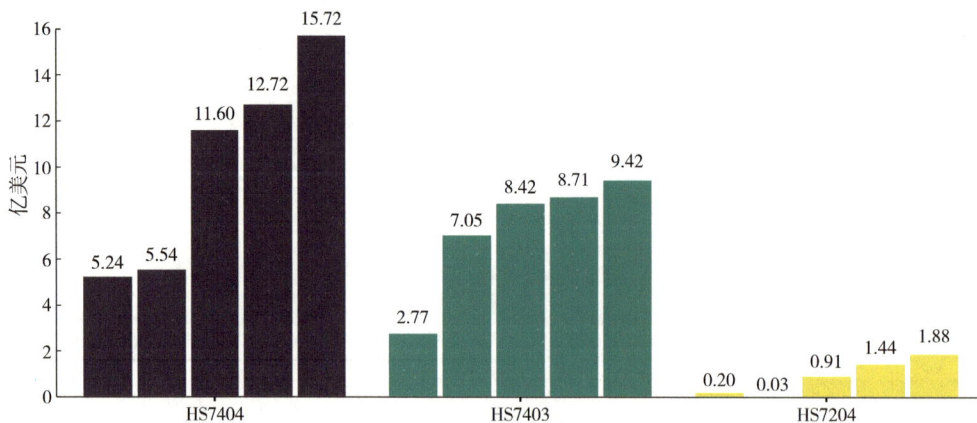

图1-96　2023年浙江省自日本进口的优势商品及近5年走势

数据来源：瀚闻资讯。

（5）山东省自日本进口的优势商品分析

山东省自日本进口的优势商品分析如表1-17、图1-97所示。

表1-17　2023年山东省自日本进口的优势商品分析

编码	编码描述	金额（亿美元）	增速（%）	份额（%）	优势指数	拉动度	日本主要出口地区
8542	集成电路	13.74	185.84	6.62	1.57	15.88	大阪府（58%）、千叶县（19%）、福冈县（13%）
8486	制造半导体单晶柱或晶圆、半导体器件、集成电路或平板显示器的机器及装置	11.67	234.03	10.22	2.42	14.53	千叶县（31%）、大阪府（12%）、山口县（11%）
7304	无缝钢铁管及空心异型材（铸铁的除外）	0.72	130.03	16.21	3.83	0.73	兵库县（63%）、爱知县（22%）、和歌山县（6%）

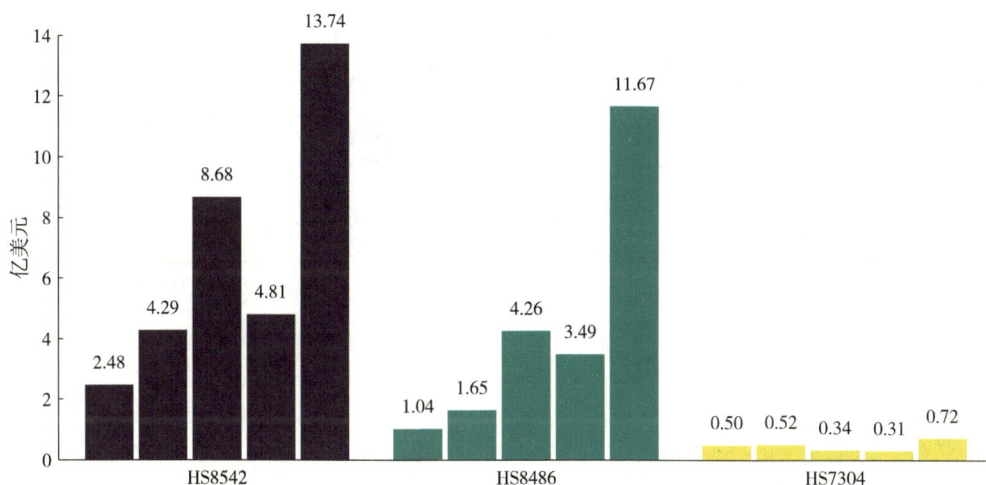

图1-97　2023年山东省自日本进口的优势商品及近5年走势

数据来源：瀚闻资讯。

（6）北京市自日本进口的优势商品分析

北京市自日本进口的优势商品分析如表1-18、图1-98所示。

表1-18　2023年北京市自日本进口的优势商品分析

编码	编码描述	金额（亿美元）	增速（%）	份额（%）	优势指数	拉动度	日本主要出口地区
7108	金（包括镀铂的金）	8.20	122.29	48.68	5.12	2.73	千叶县（96%）、大阪府（3%）

续　表

编码	编码描述	金额（亿美元）	增速（%）	份额（%）	优势指数	拉动度	日本主要出口地区
8443	打印机、复印机及传真机，上述机器的零件及附件	2.93	18.79	16.89	1.77	0.28	东京都（29%）、神奈川县（22%）、爱知县（15%）
7110	铂	2.25	32.48	47.23	4.96	0.33	千叶县（91%）、大阪府（6%）、福冈县（3%）

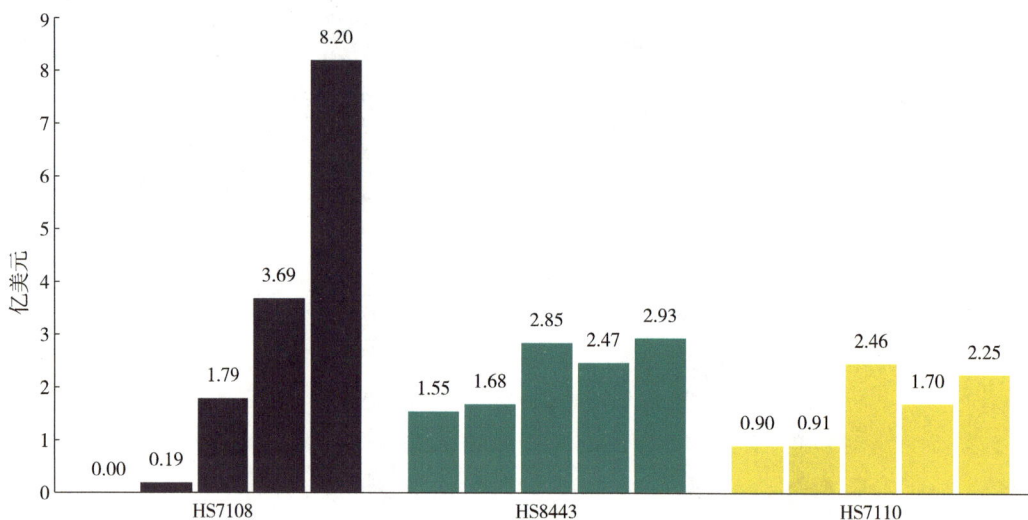

图1-98　2023年北京市自日本进口的优势商品及近5年走势

数据来源：瀚闻资讯。

（7）辽宁省自日本进口的优势商品分析

辽宁省自日本进口的优势商品分析如表1-19、图1-99所示。

表1-19　2023年辽宁省自日本进口的优势商品分析

编码	编码描述	金额（亿美元）	增速（%）	份额（%）	优势指数	拉动度	日本主要出口地区
2902	环烃	6.95	48.76	30.72	11.90	4.80	冈山县（21%）、茨城县（19%）、大分县（13%）
3824	铸模及铸芯用黏合剂等	1.59	89.72	9.32	3.61	1.59	千叶县（31%）、大阪府（17%）、爱知县（13%）
8419	非电热的快速热水器或贮备式热水器等	0.44	950.14	8.66	3.35	0.84	神奈川县（33%）、兵库县（19%）、爱知县（14%）

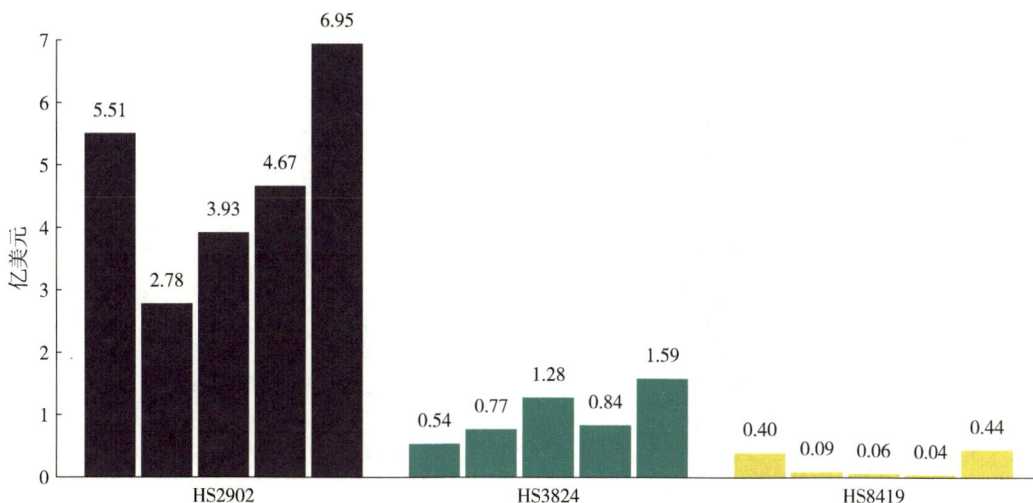

图 1-99　2023 年辽宁省自日本进口的优势商品及近 5 年走势

数据来源：瀚闻资讯。

（8）天津市自日本进口的优势商品分析

天津市自日本进口的优势商品分析如表1-20、图1-100所示。

表1-20　2023年天津市自日本进口的优势商品分析

编码	编码描述	金额（亿美元）	增速（%）	份额（%）	优势指数	拉动度	日本主要出口地区
3004	由混合或非混合产品构成的治病或防病用药品	2.36	73.80	16.84	4.97	1.45	大阪府（36%）、东京都（20%）、神奈川县（15%）
4011	新的充气橡胶轮胎	0.85	109.15	37.75	11.13	0.64	福冈县（59%）、兵库县（18%）、神奈川县（8%）
8429	机动推土机、侧铲推土机、筑路机、平地机、铲运机、机械铲、挖掘机、机铲装载机、捣固机械及压路机	0.36	171.81	30.86	9.10	0.33	兵库县（31%）、神奈川县（26%）、茨城县（18%）

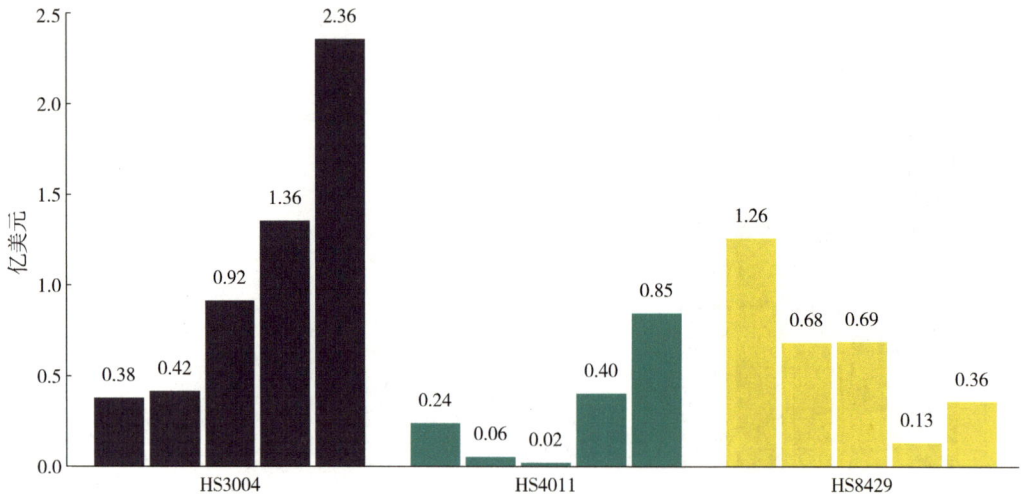

图1-100　2023年天津市自日本进口的优势商品及近5年走势

数据来源：瀚闻资讯。

（9）福建省自日本进口的优势商品分析

福建省自日本进口的优势商品分析如表1-21、图1-101所示。

表1-21　2023年福建省自日本进口的优势商品分析

编码	编码描述	金额（亿美元）	增速（%）	份额（%）	优势指数	拉动度	日本主要出口地区
8486	制造半导体单晶柱或晶圆、半导体器件、集成电路或平板显示器的机器及装置	4.06	30.70	3.55	1.79	2.13	千叶县（31%）、大阪府（12%）、山口县（11%）
3920	其他非泡沫塑料的板、片、膜、箔及扁条	1.98	146.13	7.18	3.61	2.63	兵库县（30%）、大阪府（16%）、福冈县（9%）
8444	化学纺织纤维挤压、拉伸、变形或切割机器	0.57	30 864.95	9.30	4.68	1.27	爱媛县（52%）、兵库县（46%）、爱知县（1%）

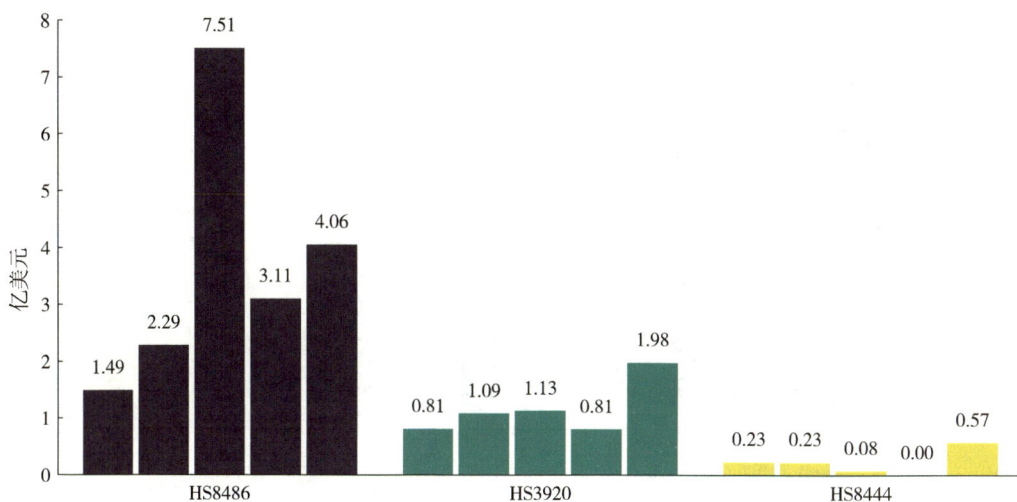

图1-101　2023年福建省自日本进口的优势商品及近5年走势

数据来源：瀚闻资讯。

（10）河南省自日本进口的优势商品分析

河南省自日本进口的优势商品分析如表1-22、图1-102所示。

表1-22　2023年河南省自日本进口的优势商品分析

编码	编码描述	金额（亿美元）	增速（%）	份额（%）	优势指数	拉动度	日本主要出口地区
8548	原电池、原电池组和蓄电池的废碎料，废旧原电池、原电池组及蓄电池，机器或设备的本章其他品目未列名的电气零件	0.50	26.92	11.34	14.68	0.58	大阪府（67%）、千叶县（32%）、东京都（1%）
7403	未锻轧的精炼铜及铜合金	0.28	35.99	1.62	2.10	0.41	大分县（42%）、冈山县（30%）、大阪府（12%）
2202	加味、加糖或其他甜物质的水，包括矿泉水及汽水、其他无乙醇饮料	0.17	22.12	15.03	19.46	0.17	大阪府（37%）、神奈川县（33%）、兵库县（11%）

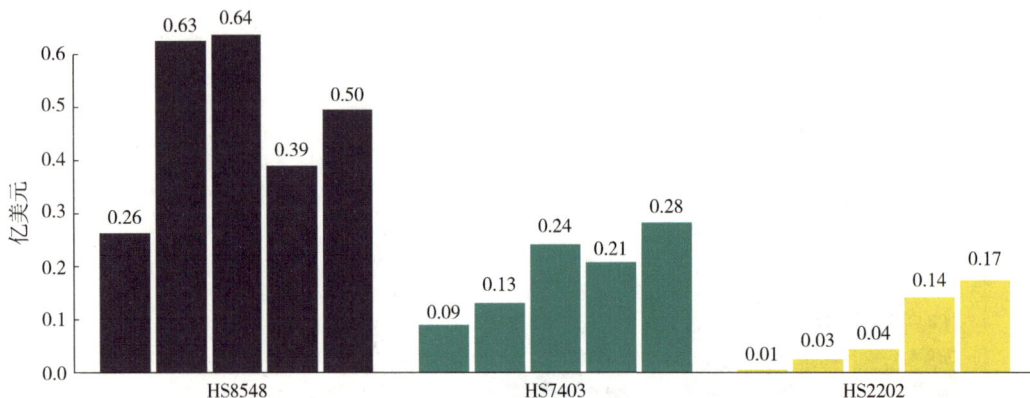

图 1-102　2023 年河南省自日本进口的优势商品及近 5 年走势

数据来源：瀚闻资讯。

三、日本都、道、府、县与中国货物贸易合作

（一）日本都、道、府、县与中国货物贸易规模

2023年，在日本都、道、府、县中，有7个地区与中国进出口总值保持增长。其中，与中国进出口排名前十的都、府、县为东京都、大阪府、千叶县、爱知县、神奈川县、兵库县、福冈县、静冈县、山口县、广岛县。这些地区进出口合计为 2 790.21亿美元，占比合计为92.96%。从规模来看，东京都进出口金额为550亿美元，排名第一；其次为大阪府，进出口金额为533亿美元；再次为千叶县，进出口金额为506亿美元（见图1-103）。从增速来看，冲绳县进出口同比增长46.30%，排名第一；其次为德岛县，进出口同比增长33.08%；再次为和歌山县，进出口同比增长19.90%。

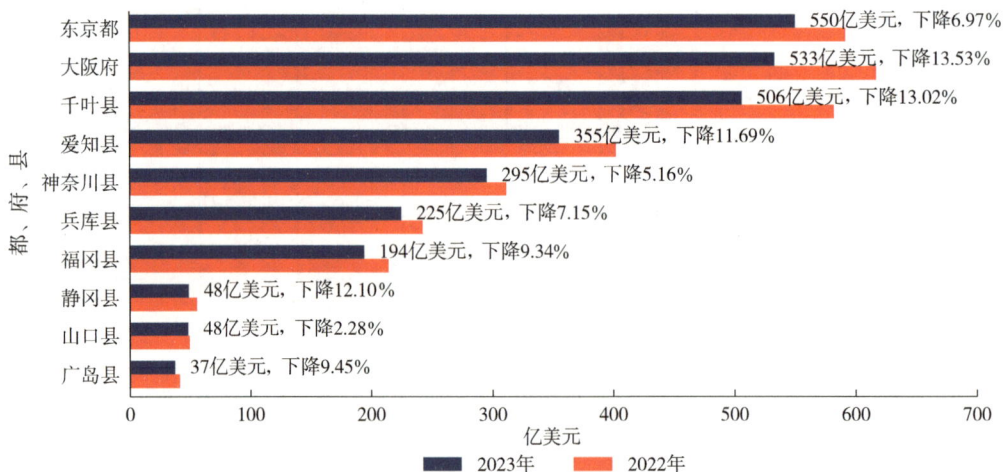

图 1-103　2023 年日本与中国进出口金额排名前十的都、府、县

数据来源：瀚闻资讯。

077

1.日本都、道、府、县对中国出口贸易规模

2023年，在日本的都、道、府、县中，有12个地区对中国出口总值保持增长。其中，对中国出口金额排名前十的都、府、县为大阪府、千叶县、爱知县、神奈川县、兵库县、福冈县、东京都、山口县、静冈县、冈山县。这些地区出口合计为1 161.46亿美元，占比合计为92.04%。从规模来看，大阪府出口金额为219亿美元，排名第一；其次为千叶县，出口金额为205亿美元；再次为爱知县，出口金额为171亿美元（见图1-104）。从增速来看，德岛县出口同比增长106.08%，排名第一；其次为冲绳县，出口同比增长86.61%；再次为岛根县，出口同比增长23.81%。

图 1-104　2023 年日本对中国出口金额排名前十的都、府、县

数据来源：瀚闻资讯。

从历年走势来看，在日本的都、道、府、县中，有16个地区年均正增长，5个地区年均增速超过5%。区间峰值多出现于2021年，谷值多出现于2017年（见图1-105）。

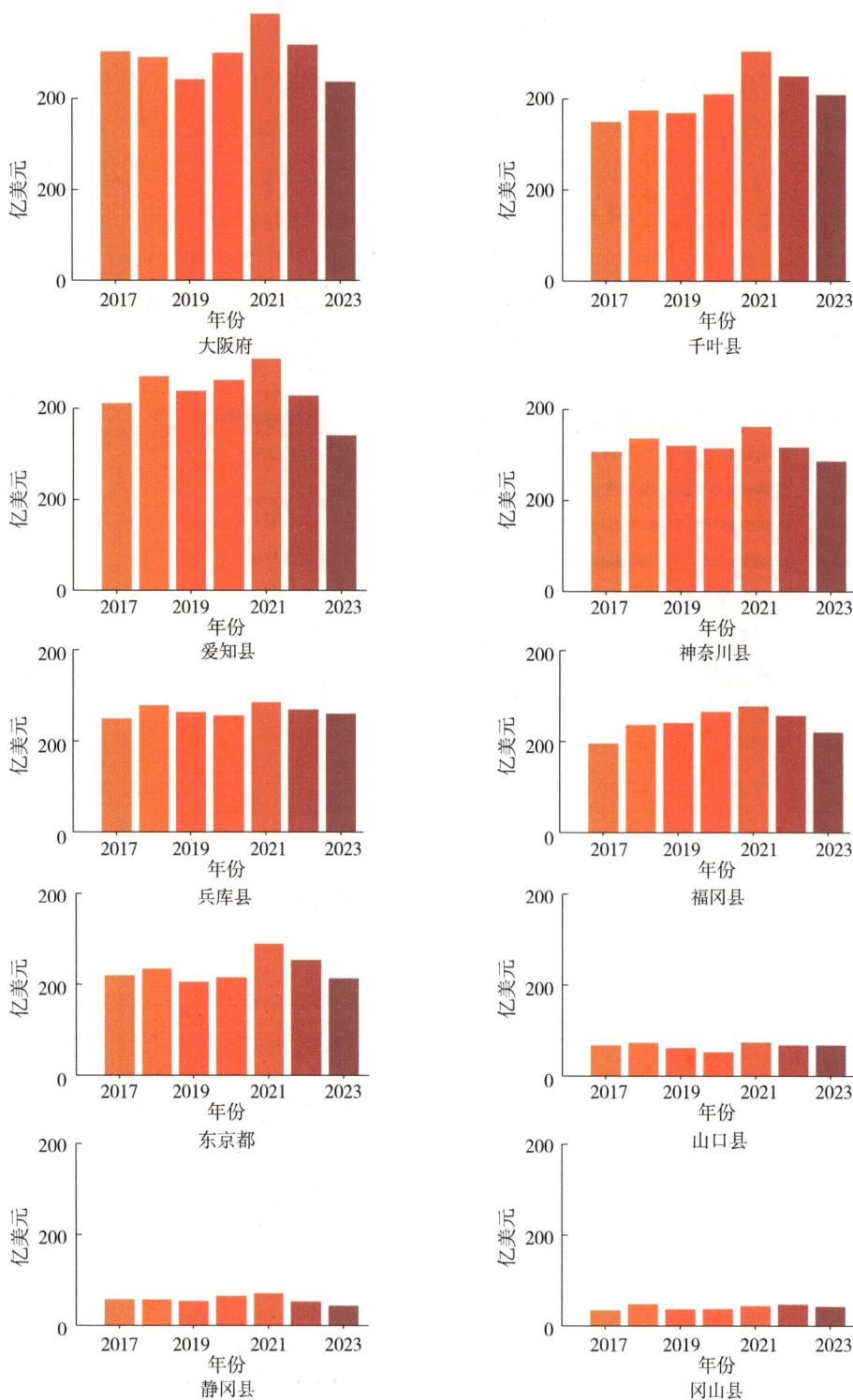

图 1-105 2023 年日本对中国出口金额排名前十的都、府、县及历年走势

数据来源：瀚闻资讯。

从2021年到2023年月度走势来看，在日本的都、道、府、县中，有29个都、道、府、县对中国出口额按月统计波动率不高于20.00%，月度走势总体平稳。区间峰值多出现于12月，谷值多出现于1月（见图1-106）。

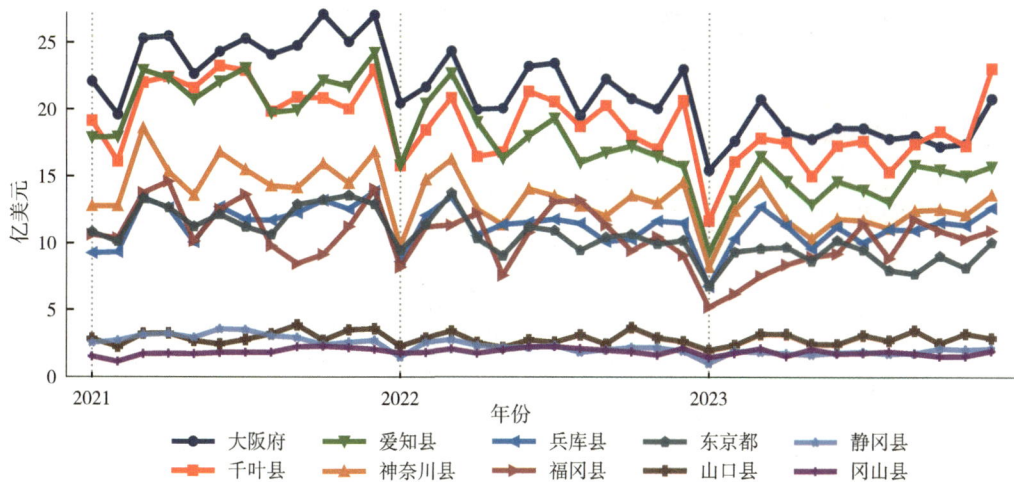

图1-106　2023年日本对中国出口金额排名前十的都、府、县及月度走势

数据来源：瀚闻资讯。

2.日本都、道、府、县自中国进口贸易规模

2023年，在日本的都、道、府、县中，有12个都、道、府、县自中国进口总值保持增长。其中，自中国进口金额排名前十的都、道、府、县是东京都、大阪府、千叶县、爱知县、神奈川县、兵库县、福冈县、静冈县、广岛县、北海道，其进口金额合计为1 640.24亿美元，占比合计为94.29%。从规模来看，东京都进口金额为443亿美元，排名第一；其次为大阪府，进口金额为314亿美元；再次为千叶县，进口金额为301亿美元（见图1-107）。从增速来看，和歌山县进口同比增长124.03%，排名第一；其次为熊本县，进口同比增长31.96%；再次为冲绳县，进口同比增长25.56%。

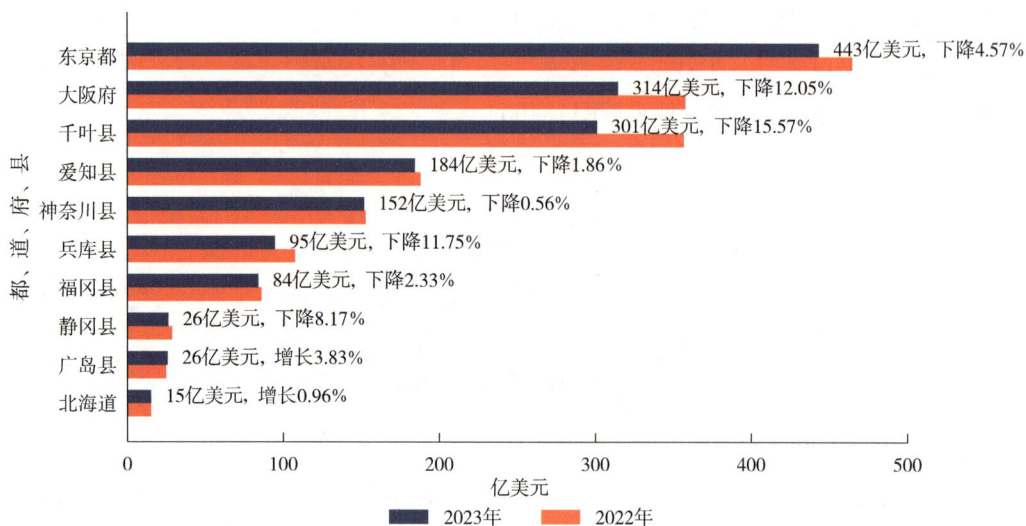

图 1-107　2023 年日本自中国进口金额排名前十的都、道、府、县

数据来源：瀚闻资讯。

从历年走势来看，在日本的都、道、府、县中，有24个都、道、府、县自中国进口额实现年均正增长，5个年均增速超过5%。区间峰值多出现于2022年，谷值多出现于2017年（见图1-108）。

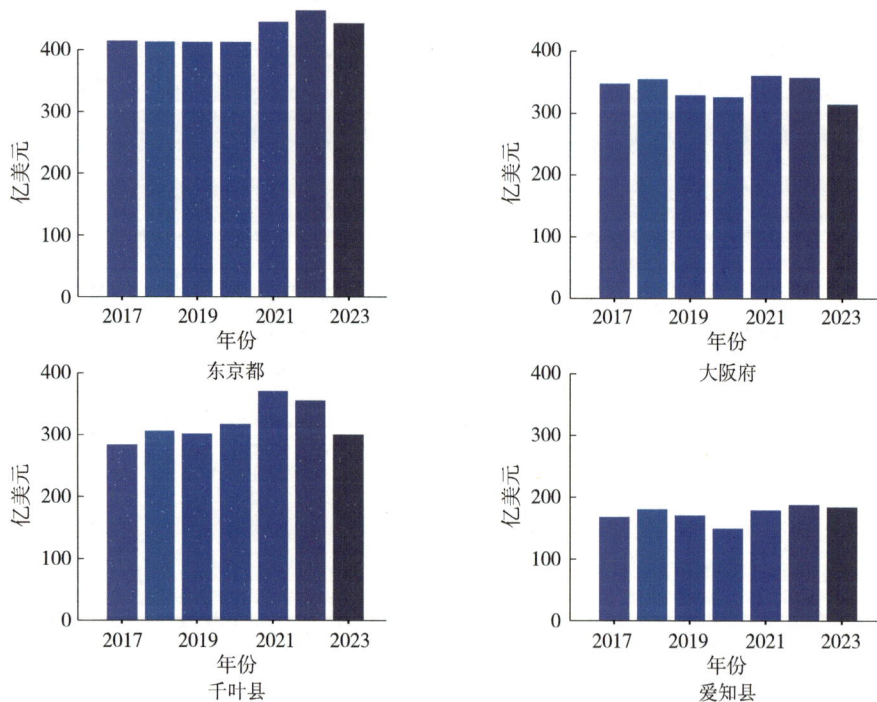

图 1-108　2023 年日本自中国进口金额排名前十的都、道、府、县及历年走势

数据来源：瀚闻资讯。

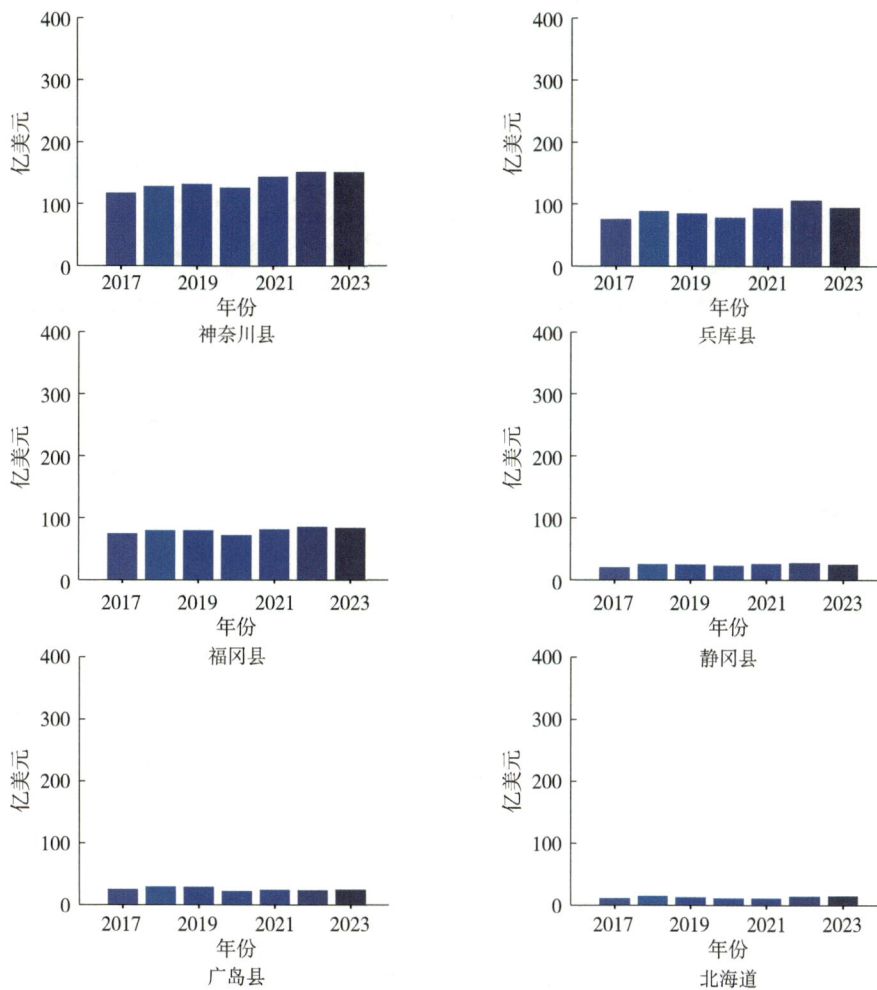

图 1-108（续）

数据来源：瀚闻资讯。

从月度走势来看，在日本的都、道、府、县中，有25个按月统计波动率不高于 20.00%。其月度走势总体平稳，区间峰值多出现于1月，谷值多出现于2月（见图 1-109）。

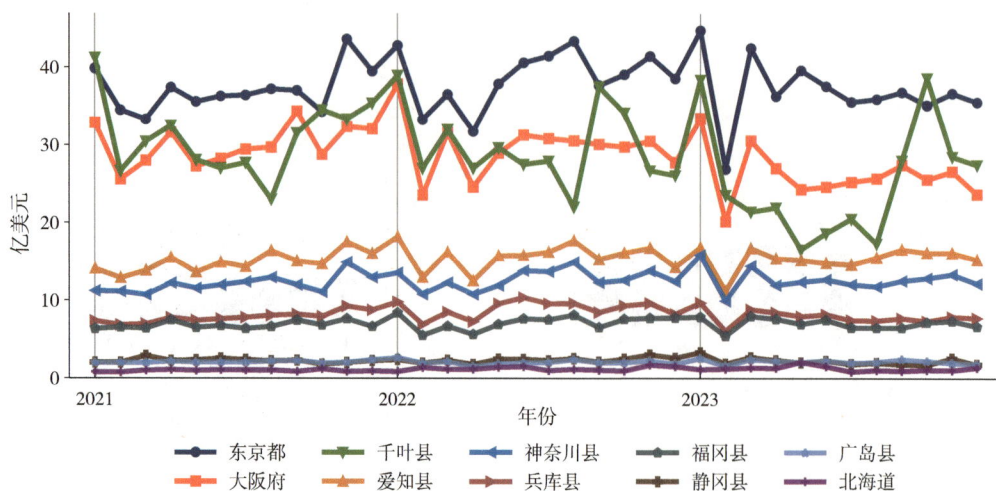

图 1-109　2023 年日本自中国进口金额排名前十的都、道、府、县及月度走势

数据来源：瀚闻资讯。

（二）日本都、道、府、县与中国货物贸易结构

1. 日本都、道、府、县对中国出口贸易结构

从商品结构来看（见图 1-110），日本在 2023 年对中国出口金额排名前十的都、府、县中，化学产品（28～38 章）均为主要商品（类），机电产品（84～85 章）、塑料橡胶（39～40 章）、贱金属（72～83 章）是多数都、道、府、县对中国出口的主要商品（类）（见表 1-23）。

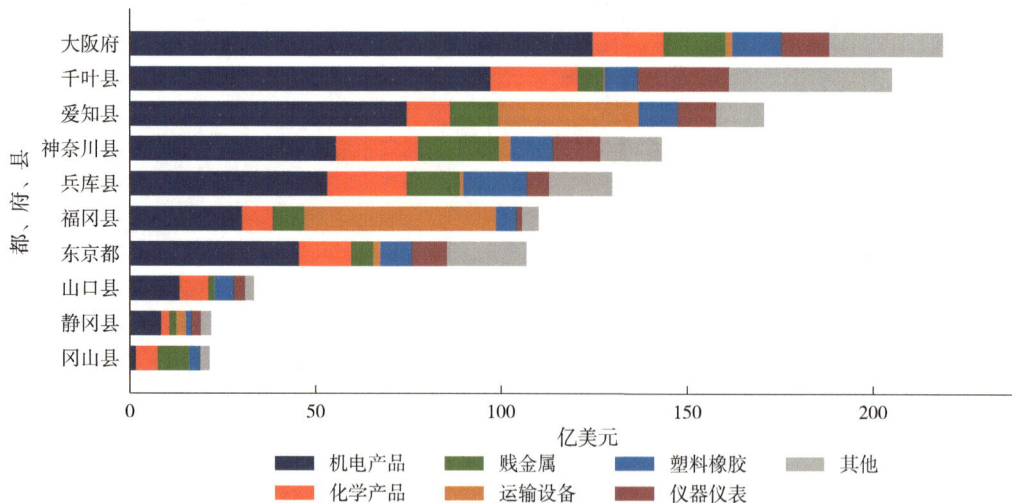

图 1-110　2023 年日本对中国出口金额排名前十的都、府、县的贸易结构

数据来源：瀚闻资讯。

表1-23　2023年日本对中国出口金额排名前十的商品品目

编码	编码描述	出口金额（亿美元）	增速（%）	日本主要出口地区	中国主要进口地区
8486	制造半导体单晶柱或晶圆、半导体器件、集成电路或平板显示器的机器及装置	108.1	10.8	千叶县（31%）、大阪府（12%）、山口县（11%）	上海市（16%）、广东省（13%）、湖北省（12%）
8542	集成电路	69.1	−11.7	大阪府（58%）、千叶县（19%）、福冈县（13%）	广东省（33%）、上海市（26%）、江苏省（9%）
8703	载人的机动车辆	66.1	−12.8	福冈县（78%）、爱知县（19%）、神奈川县（3%）	北京市（84%）、天津市（11%）、广东省（2%）
8708	机动车的零件、附件	32.2	−30.0	爱知县（78%）、静冈县（8%）、东京都（5%）	广东省（39%）、江苏省（13%）、天津市（13%）
8479	其他机器及机械器具	27.1	−16.1	东京都（23%）、神奈川县（22%）、兵库县（16%）	上海市（32%）、江苏省（22%）、广东省（22%）
3920	其他非泡沫塑料的板、片、膜、箔及扁条	23.1	2.5	兵库县（30%）、大阪府（16%）、福冈县（9%）	江苏省（44%）、广东省（25%）、上海市（12%）
8541	二极管、晶体管及类似的半导体器件	21.6	−15.4	大阪府（57%）、千叶县（25%）、爱知县（9%）	广东省（38%）、江苏省（23%）、上海市（17%）
7404	铜废碎料	21.2	20.7	神奈川县（43%）、大阪府（17%）、爱知县（11%）	浙江省（73%）、江西省（16%）、天津市（5%）
2902	环烃	21.0	10.3	冈山县（21%）、茨城县（19%）、大分县（13%）	辽宁省（31%）、江苏省（25%）、浙江省（24%）
3304	美容品或化妆品及护肤品（药品除外）	17.8	−21.6	兵库县（34%）、东京都（24%）、大阪府（19%）	上海市（41%）、浙江省（16%）、海南省（15%）

注：括号中的百分比为出口（进口）份额，即特定地方特定商品占同期全国同类商品贸易额的比重。

数据说明：中国方面份额由中国海关数据计算得出；日本方面份额由日本海关数据计算得出。

2.日本都、道、府、县自中国进口贸易结构

从商品结构来看（见图1-111），在2023年自中国进口金额排名前十的都、道、府、县中，机电产品（84～85章）均为主要商品（类），家具玩具（94～96章）、贱金属（72～83章）、化学产品（28～38章）、纺织服装（50～63章）是多数都、道、府、县自中国进口的主要商品（类）（见表1-24）。

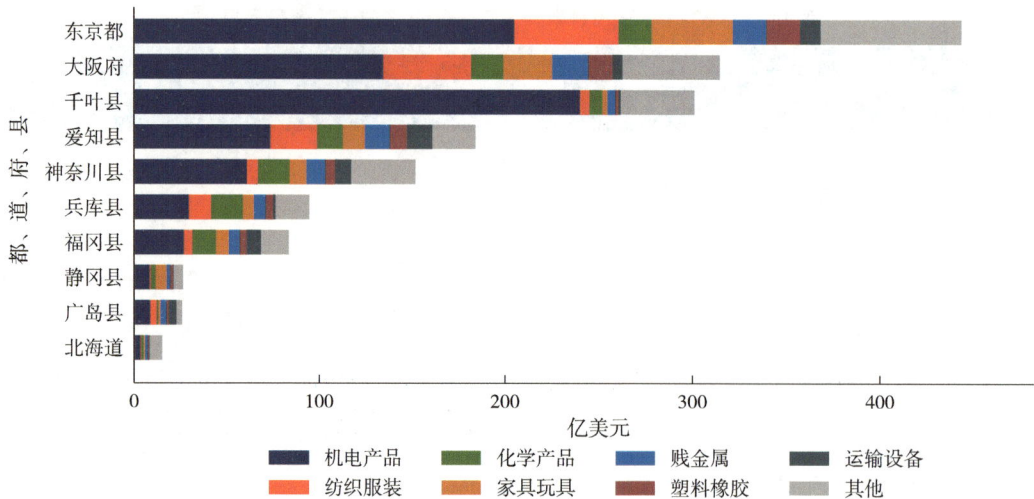

图1-111 2023年日本自中国进口金额排名前十的都、道、府、县的贸易结构

数据来源：瀚闻资讯。

表1-24 2023年日本自中国进口金额排名前十的商品品目

编码	编码描述	进口金额（亿美元）	增速（%）	日本主要进口地区	中国主要出口地区
8517	电话机等	198.8	-1.8	千叶县（72%）、大阪府（18%）、东京都（7%）	河南省（34%）、江苏省（29%）、广东省（12%）
8471	自动数据处理设备及其部件	114.0	-16.0	东京都（45%）、千叶县（40%）、大阪府（6%）	四川省（17%）、江苏省（16%）、重庆市（15%）
8708	机动车的零件、附件	37.7	17.1	爱知县（20%）、福冈县（18%）、东京都（17%）	江苏省（29%）、上海市（15%）、广东省（15%）
8504	变压器、静止式变流器（例如整流器）及电感器	26.2	-2.8	东京都（31%）、爱知县（21%）、大阪府（19%）	广东省（44%）、江苏省（20%）、上海市（10%）
8507	蓄电池	26.1	53.8	神奈川县（34%）、爱知县（25%）、东京都（18%）	上海市（31%）、江苏省（18%）、广东省（17%）
9504	视频游戏控制器及设备等室内游戏用品	25.4	27.0	大阪府（39%）、东京都（25%）、静冈县（20%）	山东省（77%）、广东省（15%）、江苏省（5%）
6110	针织或钩编的套头衫、开襟衫、外穿背心及类似品	24.6	-8.3	东京都（41%）、大阪府（29%）、爱知县（14%）	山东省（38%）、江苏省（27%）、浙江省（12%）
8528	监视器及投影机，电视接收装置	23.5	-12.2	东京都（55%）、大阪府（31%）、神奈川县（6%）	江苏省（30%）、广东省（27%）、山东省（15%）
8544	绝缘电线、电缆，光缆	23.0	-3.8	爱知县（28%）、东京都（21%）、大阪府（16%）	广东省（32%）、江苏省（26%）、浙江省（10%）
9503	带轮玩具、玩偶车、玩偶、模型、智力玩具	21.7	-2.4	东京都（65%）、大阪府（14%）、神奈川县（9%）	广东省（56%）、山东省（6%）、浙江省（6%）

注：括号中的百分比为进口（出口）份额，即特定地方特定商品占同期全国同类商品贸易额的比重。

数据说明：中国方面份额由中国海关数据计算得出；日本方面份额由日本海关数据计算得出。

（三）日本都、道、府、县与中国货物贸易中的优势商品

1.日本都、道、府、县对中国出口的优势商品

本节通过计算优势指数、拉动度以及全国份额等指标，筛选出日本都、道、府、县对中国贸易的优势商品。其中，"金额"为该商品当年贸易金额；"增速"为该商品当年贸易金额较上一年同期增长幅度；"份额"为该商品占全国同类商品的贸易份额；"优势指数"为该商品占当地同类商品的贸易份额与全国同类商品占全国贸易份额的比值；"拉动度"为该商品贸易增长额与当地上一年同期贸易总值的比值。同时，列举中国贸易规模排名前三的地区及份额。

（1）大阪府对中国出口的优势商品分析

2023年，日本大阪府对中国出口的优势商品分析如表1-25、图1-112所示。

表1-25　2023年大阪府对中国出口的优势商品分析

编码	编码描述	金额（亿美元）	增速（%）	份额（%）	优势指数	拉动度	中国主要进口地区
3004	由混合或非混合产品构成的治病或防病用药品	2.97	48.62	36.32	2.10	0.38	江苏省（28%）、上海市（25%）、天津市（17%）
8714	零件、附件，品目8711至8713所列车辆用	1.26	38.50	71.43	4.12	0.14	江苏省（37%）、广东省（22%）、天津市（18%）
8475	白炽灯泡、灯管、放电灯管、电子管、闪光灯泡及类似品的封装机器，玻璃或玻璃制品的制造或热加工机器	0.42	374.59	49.53	2.86	0.13	江苏省（34%）、广东省（32%）、山东省（12%）

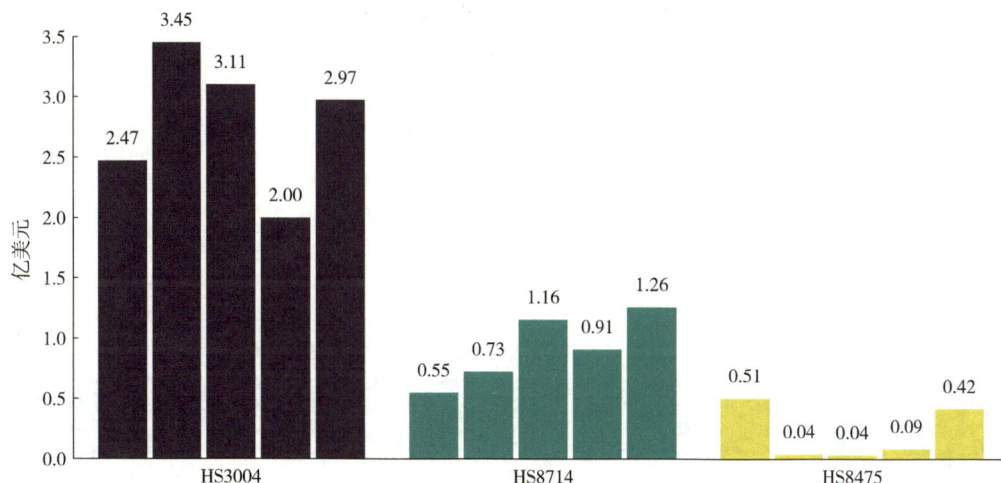

图1-112　2023年大阪府对中国出口的优势商品及近5年走势

数据来源：瀚闻资讯。

（2）东京都对中国出口的优势商品分析

2023年，日本东京都对中国出口的优势商品分析如表1-26、图1-113所示。

表1-26　2023年东京都对中国出口的优势商品分析

编码	编码描述	金额（亿美元）	增速（%）	份额（%）	优势指数	拉动度	中国主要进口地区
3818	经掺杂用于电子工业的化合物等	2.26	36.79	32.89	3.88	0.48	上海市（33%）、江苏省（19%）、北京市（10%）
9030	示波器、频谱分析仪及其他用于电量测量或检验的仪器和装置；α射线、β射线、γ射线、X射线等射线的测量或检验仪器及装置	1.14	92.66	10.82	1.28	0.43	上海市（21%）、广东省（19%）、江苏省（16%）
9504	视频游戏控制器及设备等室内游戏用品	0.77	145.42	50.52	5.96	0.36	上海市（31%）、广东省（25%）、浙江省（21%）

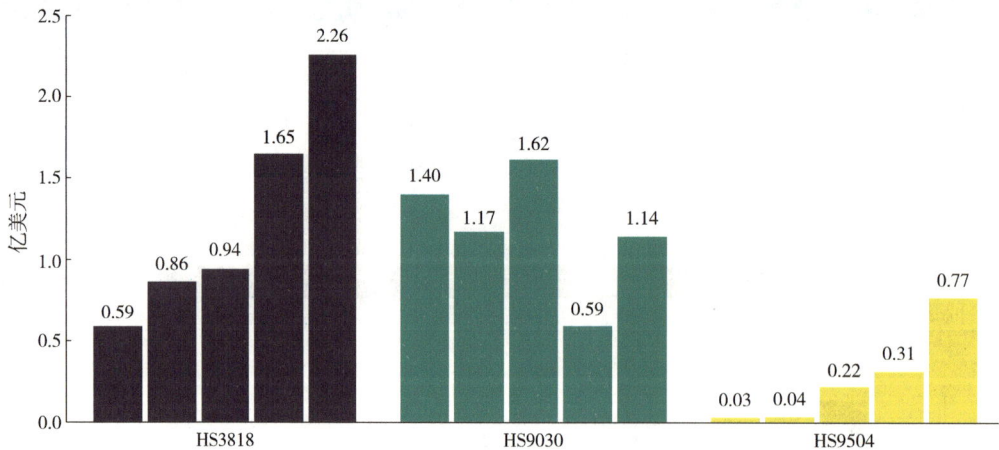

图1-113　2023年东京都对中国出口的优势商品及近5年走势

数据来源：瀚闻资讯。

（3）千叶县对中国出口的优势商品分析

2023年，日本千叶县对中国出口的优势商品分析如表1-27、图1-114所示。

表1-27　2023年千叶县对中国出口的优势商品分析

编码	编码描述	金额（亿美元）	增速（%）	份额（%）	优势指数	拉动度	中国主要进口地区
8486	制造半导体单晶柱或晶圆、半导体器件、集成电路或平板显示器的机器及装置	33.41	15.80	30.90	1.90	2.02	上海市（16%）、广东省（13%）、湖北省（12%）

续 表

编码	编码描述	金额（亿美元）	增速（%）	份额（%）	优势指数	拉动度	中国主要进口地区
7106	银（包括镀金、镀铂的银），未锻造、半制成或粉末状	7.57	91.02	88.28	5.43	1.60	江苏省（62%）、上海市（26%）、广东省（9%）
8532	电容器	5.85	29.77	33.23	2.05	0.60	广东省（35%）、江苏省（26%）、上海市（18%）

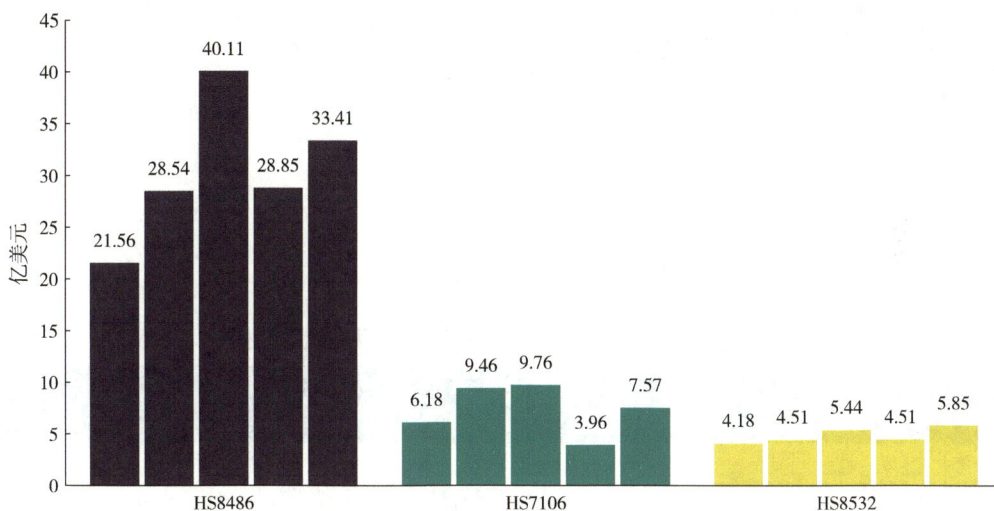

图 1-114　2023 年千叶县对中国出口的优势商品及近 5 年走势

数据来源：瀚闻资讯。

（4）爱知县对中国出口的优势商品分析

2023 年，日本爱知县对中国出口的优势商品分析如表 1-28、图 1-115 所示。

表 1-28　2023 年爱知县对中国出口的优势商品分析

编码	编码描述	金额（亿美元）	增速（%）	份额（%）	优势指数	拉动度	中国主要进口地区
8445	纺织纤维的预处理机器，纺纱机、并线机、加捻机及其他生产纺织纱线的机器等	2.86	8.47	40.26	2.98	0.10	江苏省（59%）、浙江省（12%）、四川省（9%）
7304	无缝钢铁管及空心异形材（铸铁的除外）	0.92	34.50	21.83	1.61	0.11	四川省（24%）、山东省（16%）、上海市（16%）
8516	电热的快速热水器、储水式电热水器、浸入式液体加热器等家用电热器具等	0.70	150.01	43.99	3.25	0.20	上海市（35%）、广东省（23%）、江苏省（16%）

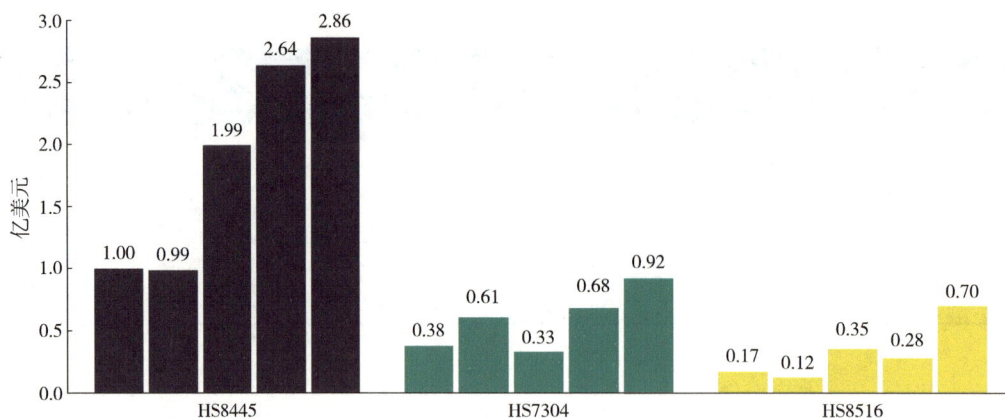

图 1-115　2023 年爱知县对中国出口的优势商品及近 5 年走势

数据来源：瀚闻资讯。

（5）神奈川县对中国出口的优势商品分析

2023年，日本神奈川县对中国出口的优势商品分析如表1-29、图1-116所示。

表1-29　2023年神奈川县对中国出口的优势商品分析

编码	编码描述	金额（亿美元）	增速（%）	份额（%）	优势指数	拉动度	中国主要进口地区
7404	铜废碎料	9.11	34.58	42.97	3.79	1.48	浙江省（73%）、江西省（16%）、天津市（5%）
2710	成品油	4.08	43.86	34.59	3.05	0.79	浙江省（34%）、江苏省（22%）、上海市（13%）
3004	由混合或非混合产品构成的治病或防病用药品	1.19	165.30	14.55	1.28	0.47	江苏省（28%）、上海市（25%）、天津市（17%）

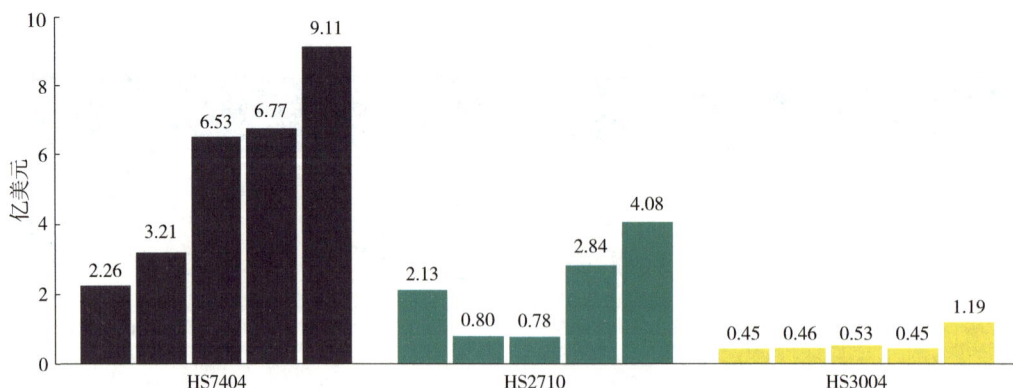

图 1-116　2023 年神奈川县对中国出口的优势商品及近 5 年走势

数据来源：瀚闻资讯。

（6）兵库县对中国出口的优势商品分析

2023年，日本兵库县对中国出口的优势商品分析如表1-30、图1-117所示。

表1-30　2023年兵库县对中国出口的优势商品分析

编码	编码描述	金额（亿美元）	增速（%）	份额（%）	优势指数	拉动度	中国主要进口地区
8477	本章其他品目未列名称的橡胶或塑料及其产品的加工机器	8.38	100.82	66.37	6.44	3.12	江苏省（49%）、广东省（9%）、浙江省（7%）
9001	光导纤维及光导纤维束，光缆等	3.12	61.60	24.22	2.35	0.88	上海市（31%）、广东省（26%）、江苏省（26%）
7304	无缝钢铁管及空心异形材（铸铁的除外）	2.66	91.92	63.07	6.12	0.94	四川省（24%）、山东省（16%）、上海市（16%）

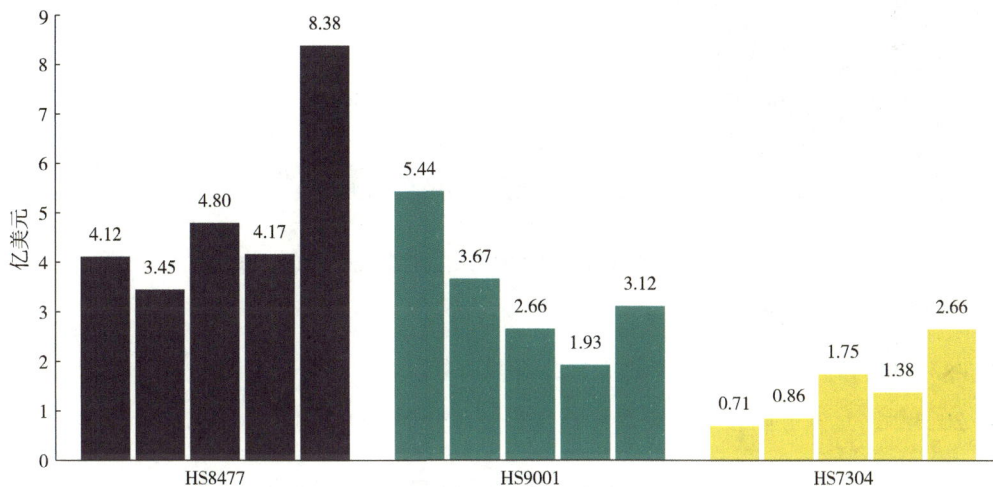

图1-117　2023年兵库县对中国出口的优势商品及近5年走势

数据来源：瀚闻资讯。

（7）福冈县对中国出口的优势商品分析

2023年，日本福冈县对中国出口的优势商品分析如表1-31、图1-118所示。

表1-31　2023年福冈县对中国出口的优势商品分析

编码	编码描述	金额（亿美元）	增速（%）	份额（%）	优势指数	拉动度	中国主要进口地区
8542	集成电路	9.26	32.47	13.40	1.54	1.77	广东省（33%）、上海市（26%）、江苏省（9%）
4011	新的充气橡胶轮胎	0.75	36.15	58.67	6.72	0.16	天津市（38%）、山东省（16%）、上海市（12%）

编码	编码描述	金额（亿美元）	增速（%）	份额（%）	优势指数	拉动度	中国主要进口地区
2905	无环醇及其卤化、磺化、硝化或亚硝化衍生物	0.27	120.80	27.37	3.13	0.12	上海市（44%）、江苏省（33%）、广东省（12%）

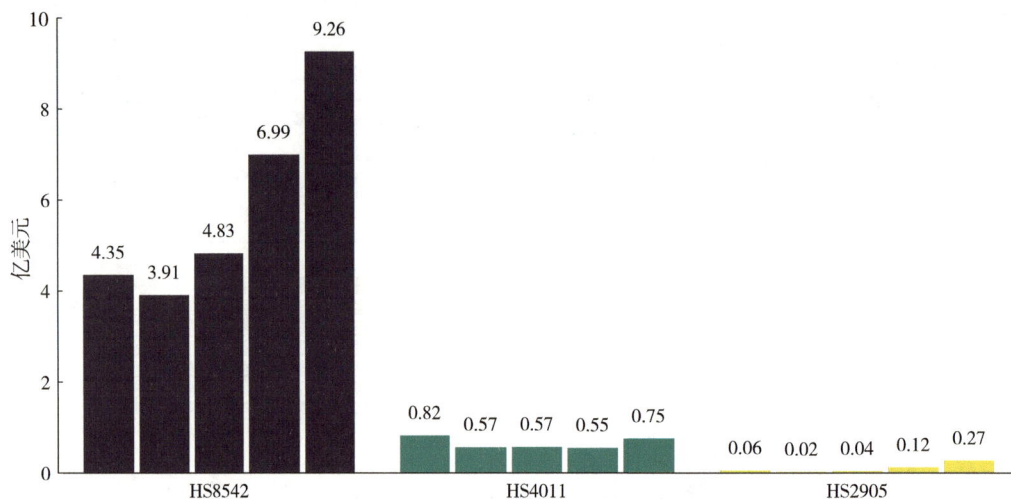

图1-118　2023年福冈县对中国出口的优势商品及近5年走势

数据来源：瀚闻资讯。

（8）静冈县对中国出口的优势商品分析

2023年，日本静冈县对中国出口的优势商品分析如表1-32、图1-119所示。

表1-32　2023年静冈县对中国出口的优势商品分析

编码	编码描述	金额（亿美元）	增速（%）	份额（%）	优势指数	拉动度	中国主要进口地区
8708	机动车的零件、附件	2.52	57.86	7.83	4.50	3.52	广东省（39%）、江苏省（13%）、天津市（13%）
8407	点燃往复式或旋转式活塞内燃发动机	1.01	36.16	25.99	14.94	1.02	上海市（25%）、天津市（25%）、广东省（18%）
9018	医疗、外科、牙科或兽医用仪器及器具等	0.94	120.14	8.30	4.77	1.96	上海市（69%）、北京市（8%）、山东省（6%）

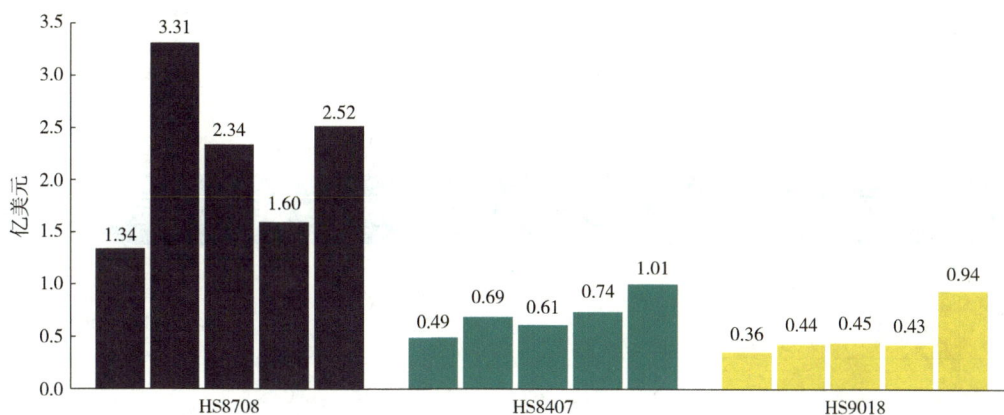

图 1-119　2023 年静冈县对中国出口的优势商品及近 5 年走势

数据来源：瀚闻资讯。

（9）山口县对中国出口的优势商品分析

2023 年，日本山口县对中国出口的优势商品分析如表 1-33、图 1-120 所示。

表 1-33　2023 年山口县对中国出口的优势商品分析

编码	编码描述	金额（亿美元）	增速（%）	份额（%）	优势指数	拉动度	中国主要进口地区
8486	制造半导体单晶柱或晶圆、半导体器件、集成电路或平板显示器的机器及装置	12.43	64.90	11.49	4.31	14.56	上海市（16%）、广东省（13%）、湖北省（12%）
9001	光导纤维及光导纤维束、光缆等	3.00	5.13	23.27	8.72	0.44	上海市（31%）、广东省（26%）、江苏省（26%）
2707	蒸馏高温煤焦油所得的油类及其他产品等	1.00	50.88	22.17	8.31	1.00	海南省（43%）、浙江省（20%）、江苏省（20%）

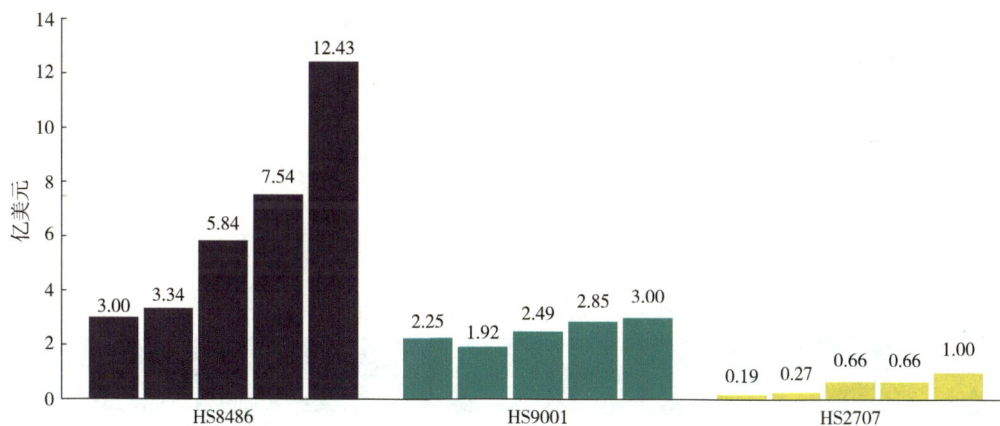

图 1-120　2023 年山口县对中国出口的优势商品及近 5 年走势

数据来源：瀚闻资讯。

（10）广岛县对中国出口的优势商品分析

2023年，日本广岛县对中国出口的优势商品分析如表1-34、图1-121所示。

表1-34　2023年广岛县对中国出口的优势商品分析

编码	编码描述	金额（亿美元）	增速（%）	份额（%）	优势指数	拉动度	中国主要进口地区
8486	制造半导体单晶柱或晶圆、半导体器件、集成电路或平板显示器的机器及装置	1.55	19.97	1.43	1.62	1.62	上海市（16%）、广东省（13%）、湖北省（12%）
8413	液体泵、液体提升机	0.35	27.56	5.12	5.81	0.48	江苏省（26%）、上海市（21%）、广东省（18%）
8461	切削金属或金属陶瓷的刨床、牛头刨床、插床、拉床、切齿机、齿轮磨床或齿轮精加工机床、锯末、切断机及未列名的切削机床	0.07	155.79	8.75	9.94	0.27	江苏省（32%）、广东省（13%）、重庆市（13%）

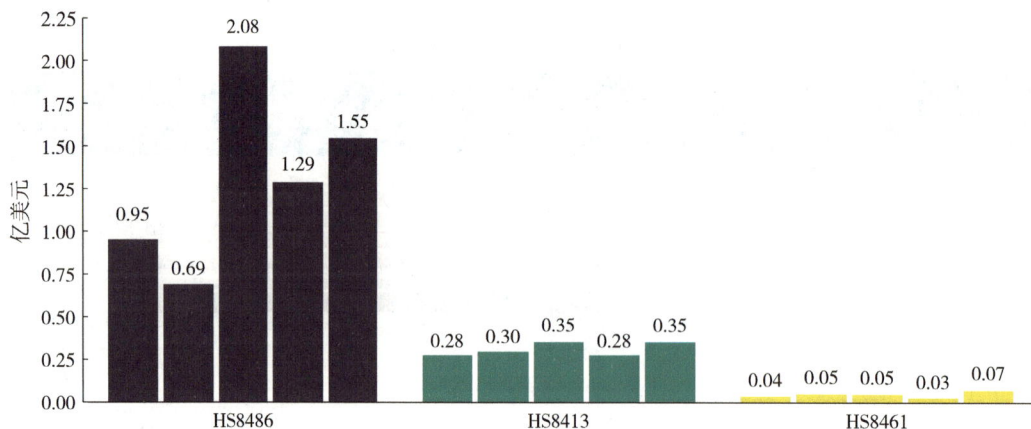

图1-121　2023年广岛县对中国出口的优势商品及近5年走势

数据来源：瀚闻资讯。

2.日本都、道、府、县自中国进口的优势商品

（1）大阪府自中国进口的优势商品分析

2023年，日本大阪府自中国进口的优势商品分析如表1-35、图1-122所示。

表1-35　2023年大阪府自中国进口的优势商品分析

编码	编码描述	金额（亿美元）	增速（%）	份额（%）	优势指数	拉动度	中国主要出口地区
9504	视频游戏控制器及设备等室内游戏用品	10.01	38.31	39.40	2.18	0.78	山东省（77%）、广东省（15%）、江苏省（5%）

续 表

编码	编码描述	金额（亿美元）	增速（%）	份额（%）	优势指数	拉动度	中国主要出口地区
8524	平板显示模组	3.20	6.20	26.50	1.47	0.05	江苏省（36%）、广东省（24%）、上海市（19%）
8511	点燃式或压燃式内燃发动机用的电点火及电启动装置（如点火磁电机、永磁直流发电机、点火线圈、火花塞、电热塞及启动电机），附属于上述内燃发动机的发电机（如直流发电机、交流发电机）及断流器	0.30	134.29	22.93	1.27	0.05	上海市（16%）、四川省（15%）、广东省（13%）

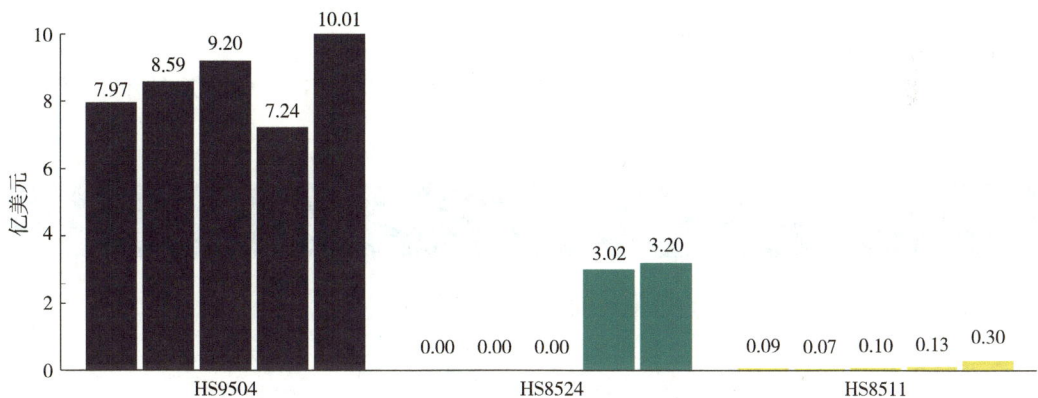

图 1-122　2023 年大阪府自中国进口的优势商品及近 5 年走势

数据来源：瀚闻资讯。

（2）东京都自中国进口的优势商品分析

2023 年，日本东京都自中国进口的优势商品分析如表 1-36、图 1-123 所示。

表 1-36　2023 年东京都自中国进口的优势商品分析

编码	编码描述	金额（亿美元）	增速（%）	份额（%）	优势指数	拉动度	中国主要出口地区
8471	自动数据处理设备及其部件	51.72	15.29	45.36	1.78	1.48	四川省（17%）、江苏省（16%）、重庆市（15%）
8473	自动数据处理设备的零件、附件	6.53	29.95	41.40	1.63	0.32	广东省（44%）、江苏省（18%）、重庆市（7%）
8518	传声器（麦克风）及其座架，扬声器，耳机、耳塞	4.82	11.34	33.46	1.31	0.11	广东省（31%）、天津市（20%）、江苏省（16%）

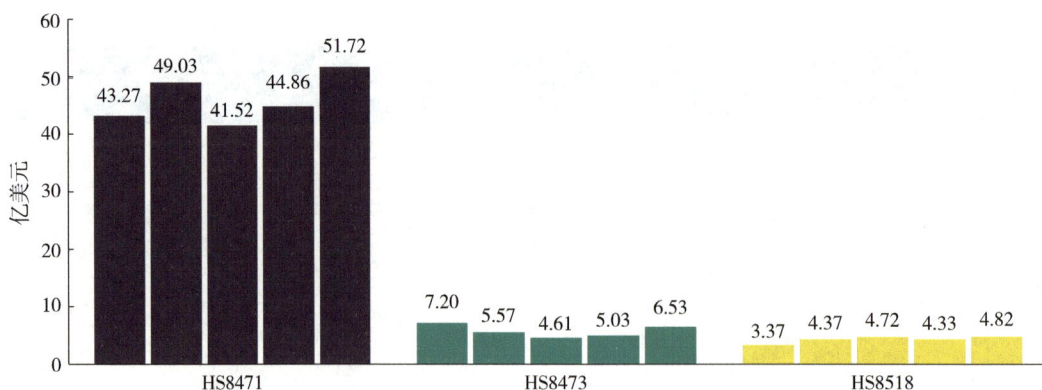

图 1-123　2023 年东京都自中国进口的优势商品及近 5 年走势

数据来源：瀚闻资讯。

（3）千叶县自中国进口的优势商品分析

2023 年，日本千叶县自中国进口的优势商品分析如表 1-37、图 1-124 所示。

表 1-37　2023 年千叶县自中国进口的优势商品分析

编码	编码描述	金额（亿美元）	增速（%）	份额（%）	优势指数	拉动度	中国主要出口地区
2710	成品油	3.05	117.61	34.11	1.97	0.46	北京市（71%）、浙江省（13%）、广东省（10%）
2711	石油气及其他烃类气	0.44	11 429.83	25.53	1.48	0.12	广东省（61%）、辽宁省（24%）、浙江省（13%）
3002	疫苗	0.24	472.22	65.61	3.79	0.06	广东省（48%）、湖北省（21%）、江苏省（13%）

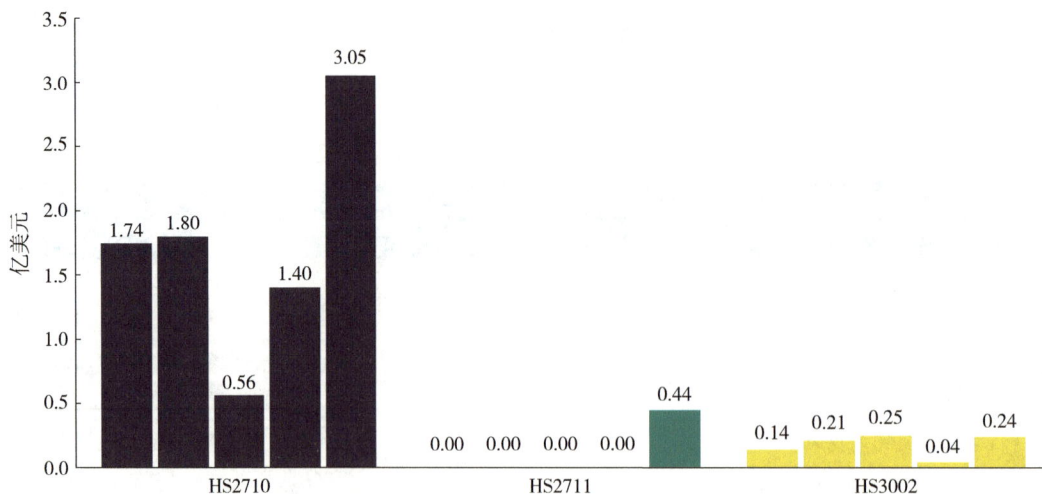

图 1-124　2023 年千叶县自中国进口的优势商品及近 5 年走势

数据来源：瀚闻资讯。

（4）爱知县自中国进口的优势商品分析

2023年，日本爱知县自中国进口的优势商品分析如表1-38、图1-125所示。

表1-38　2023年爱知县自中国进口的优势商品分析

编码	编码描述	金额（亿美元）	增速（%）	份额（%）	优势指数	拉动度	中国主要出口地区
8507	蓄电池	6.41	187.53	24.57	2.32	2.23	上海市（31%）、江苏省（18%）、广东省（17%）
8703	载人的机动车辆	3.57	646.84	55.46	5.23	1.65	上海市（30%）、广东省（24%）、浙江省（20%）
8518	传声器（麦克风）及其座架，扬声器，耳机、耳塞	2.92	59.89	20.25	1.91	0.58	广东省（31%）、天津市（20%）、江苏省（16%）

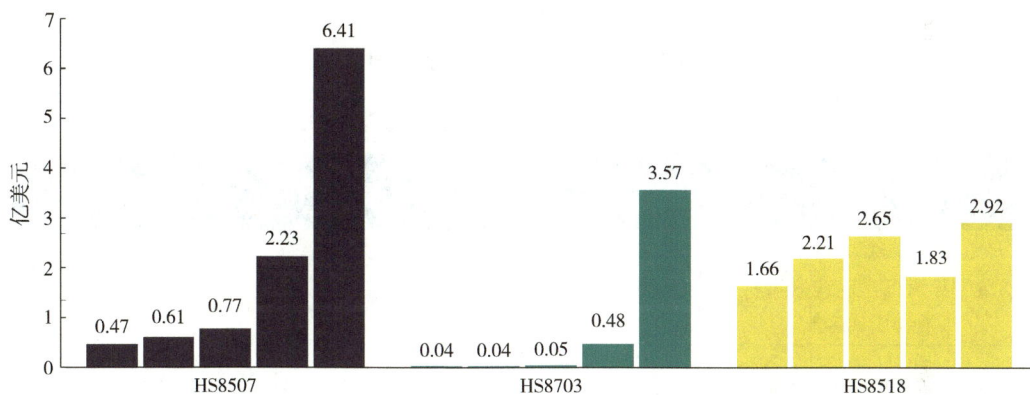

图1-125　2023年爱知县自中国进口的优势商品及近5年走势

数据来源：瀚闻资讯。

（5）神奈川县自中国进口的优势商品分析

2023年，日本神奈川县自中国进口的优势商品分析如表1-39、图1-126所示。

表1-39　2023年神奈川县自中国进口的优势商品分析

编码	编码描述	金额（亿美元）	增速（%）	份额（%）	优势指数	拉动度	中国主要出口地区
8507	蓄电池	8.94	127.20	34.25	3.92	3.27	上海市（31%）、江苏省（18%）、广东省（17%）
8443	打印机、复印机及传真机，上述机器的零件及附件	4.86	23.96	26.80	3.07	0.61	广东省（65%）、江苏省（19%）、上海市（8%）
8409	专用于或主要用于品目8407或8408所列发动机的零件	1.94	82.05	31.32	3.58	0.57	北京市（31%）、江苏省（27%）、上海市（10%）

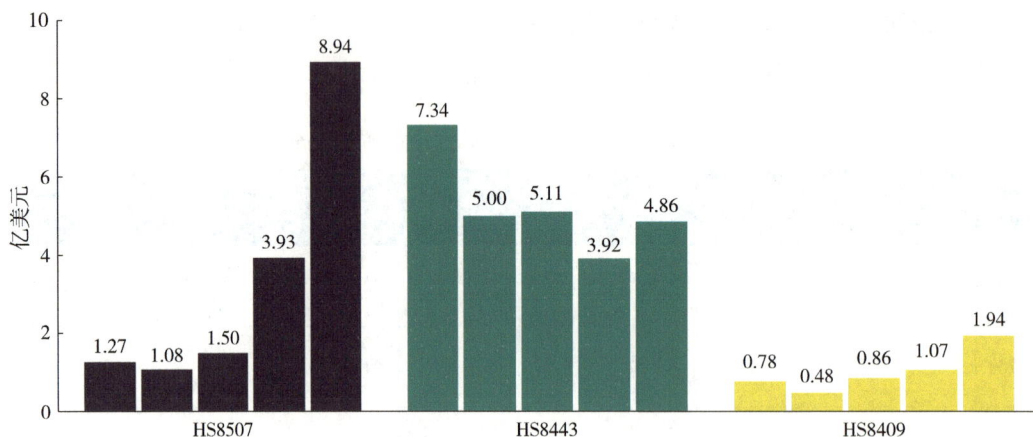

图1-126 2023年神奈川县自中国进口的优势商品及近5年走势

数据来源：瀚闻资讯。

（6）兵库县自中国进口的优势商品分析

2023年，日本兵库县自中国进口的优势商品分析如表1-40、图1-127所示。

表1-40 2023年兵库县自中国进口的优势商品分析

编码	编码描述	金额（亿美元）	增速（%）	份额（%）	优势指数	拉动度	中国主要出口地区
2825	肼（联氨）、胲（羟胺）及其无机盐，其他无机碱，其他金属氧化物等	4.00	25.15	30.67	5.63	0.75	江西省（66%）、四川省（26%）、陕西省（2%）
2841	金属酸盐及过金属酸盐	1.59	54.23	24.48	4.49	0.52	福建省（31%）、江苏省（15%）、广东省（9%）
8529	专用于或主要用于品目8525至8528所列装置或设备的零件	1.26	85.32	10.95	2.01	0.54	广东省（43%）、江苏省（22%）、上海市（6%）

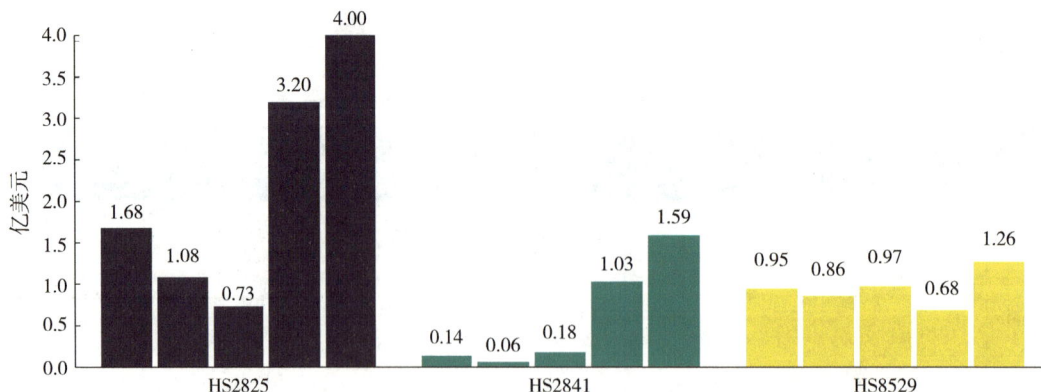

图1-127 2023年兵库县自中国进口的优势商品及近5年走势

数据来源：瀚闻资讯。

（7）福冈县自中国进口的优势商品分析

2023年，日本福冈县自中国进口的优势商品分析如表1-41、图1-128所示。

表1-41　2023年福冈县自中国进口的优势商品分析

编码	编码描述	金额（亿美元）	增速（%）	份额（%）	优势指数	拉动度	中国主要出口地区
8708	机动车的零件、附件	6.94	42.24	18.38	3.81	2.40	江苏省（29%）、上海市（15%）、广东省（15%）
8537	用于电气控制或电力分配的盘、板、台、柜及其他基座	1.80	103.83	23.18	4.80	1.06	上海市（25%）、广东省（22%）、江苏省（16%）
9032	自动调节或控制仪器及装置	1.10	108.22	15.84	3.28	0.66	广东省（29%）、上海市（26%）、江苏省（23%）

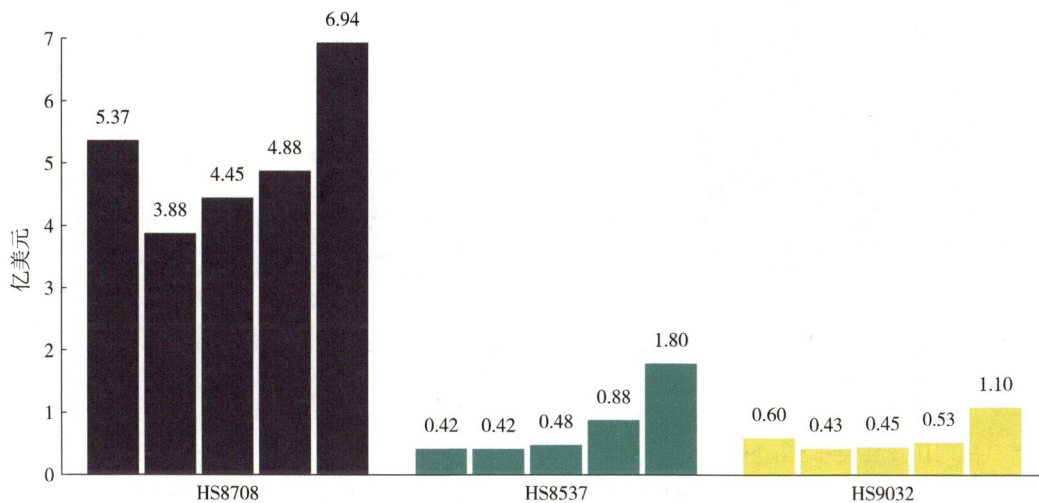

图1-128　2023年福冈县自中国进口的优势商品及近5年走势

数据来源：瀚闻资讯。

（8）静冈县自中国进口的优势商品分析

2023年，日本静冈县自中国进口的优势商品分析如表1-42、图1-129所示。

表1-42　2023年静冈县自中国进口的优势商品分析

编码	编码描述	金额（亿美元）	增速（%）	份额（%）	优势指数	拉动度	中国主要出口地区
9504	视频游戏控制器及设备等室内游戏用品	5.11	7.48	20.12	13.44	1.25	山东省（77%）、广东省（15%）、江苏省（5%）
8544	绝缘电线、电缆；光缆	0.96	9.20	4.17	2.78	0.28	广东省（32%）、江苏省（26%）、浙江省（10%）

编码	编码描述	金额（亿美元）	增速（%）	份额（%）	优势指数	拉动度	中国主要出口地区
8512	自行车或机动车辆用的电气照明或信号装置（品目8539的物品除外）、电动风挡刮水器、除霜器及去雾器	0.13	192.80	2.80	1.87	0.30	广东省（26%）、上海市（22%）、江苏省（14%）

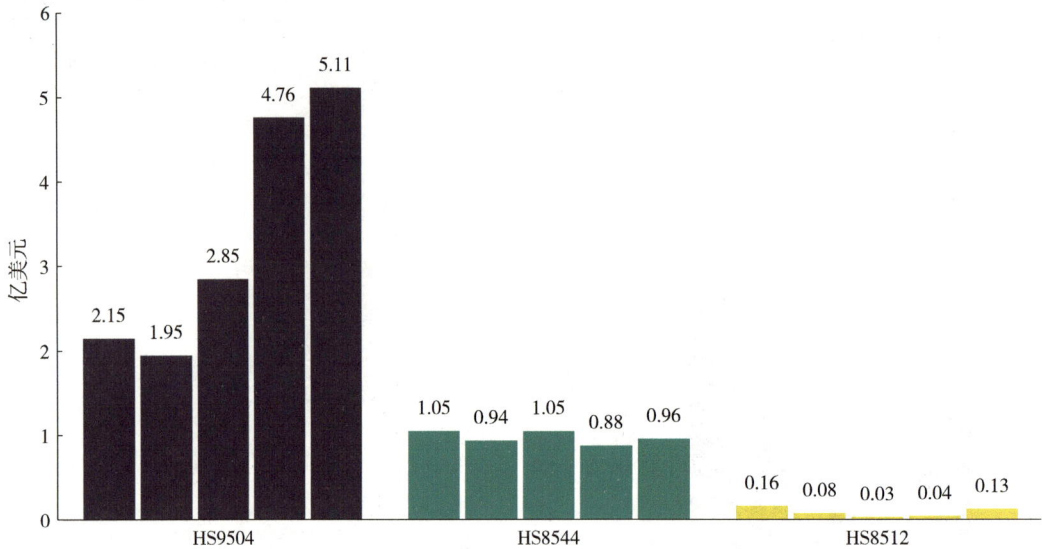

图1-129　2023年静冈县自中国进口的优势商品及近5年走势

数据来源：瀚闻资讯。

（9）山口县自中国进口的优势商品分析

2023年，日本山口县自中国进口的优势商品分析如表1-43、图1-130所示。

表1-43　2023年山口县自中国进口的优势商品分析

编码	编码描述	金额（亿美元）	增速（%）	份额（%）	优势指数	拉动度	中国主要出口地区
8708	机动车的零件、附件	1.68	75.19	4.44	5.57	4.78	江苏省（29%）、上海市（15%）、广东省（15%）
7308	钢铁结构体及其部件	1.14	69.34	7.98	10.01	3.10	辽宁省（43%）、江苏省（17%）、上海市（13%）
8702	客运机动车辆，≥10座（包括驾驶座）	0.48	1 502.45	77.44	97.16	2.98	福建省（60%）、浙江省（33%）、江苏省（6%）

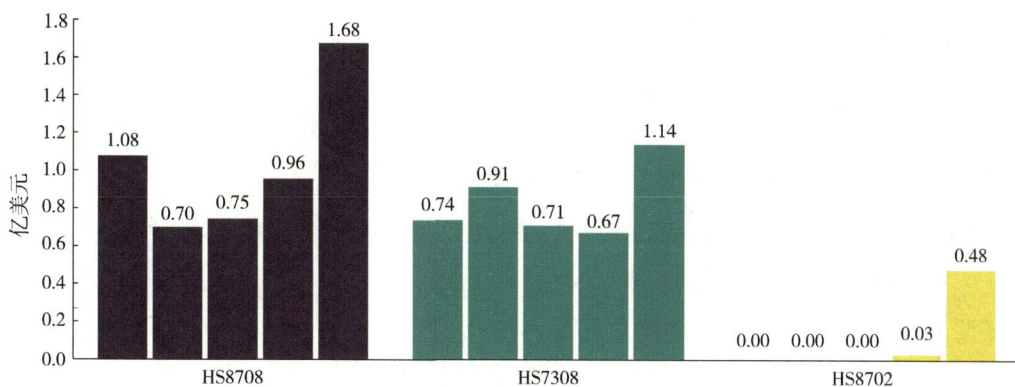

图 1-130　2023 年山口县自中国进口的优势商品及近 5 年走势

数据来源：瀚闻资讯。

（10）广岛县自中国进口的优势商品分析

2023年，日本广岛县自中国进口的优势商品分析如表1-44、图1-131所示。

表1-44　2023年广岛县自中国进口的优势商品分析

编码	编码描述	金额（亿美元）	增速（%）	份额（%）	优势指数	拉动度	中国主要出口地区
8708	机动车的零件、附件	3.97	11.31	10.52	7.17	1.64	江苏省（29%）、上海市（15%）、广东省（15%）
8529	专用于或主要用于品目8525至8528所列装置或设备的零件	0.98	75.70	8.51	5.80	1.72	广东省（43%）、江苏省（22%）、上海市（6%）
8414	空气泵或真空泵、空气及其他气体压缩机、风机、风扇等	0.59	84.22	4.24	2.89	1.10	广东省（33%）、江苏省（19%）、上海市（13%）

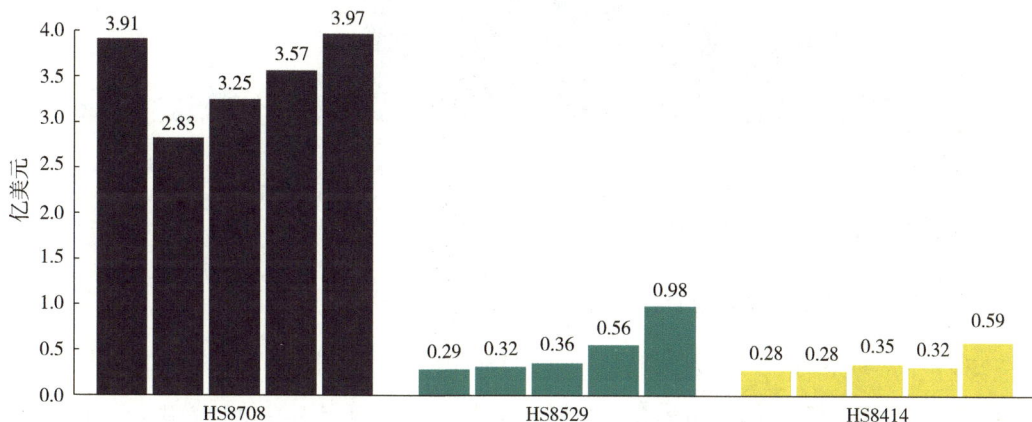

图 1-131　2023 年广岛县自中国进口的优势商品及近 5 年走势

数据来源：瀚闻资讯。

四、中日服务贸易合作

（一）中日服务贸易规模

1. 日本与中国服务贸易进出口的数据分析

2022年，日本与中国服务贸易进出口额为253.35亿美元，同比下降3.88%，未能延续上一年的增长态势。从长期来看，2014—2022年日本与中国服务贸易年平均进出口额下降1.35%，总体呈现下降趋势（见图1-132）。

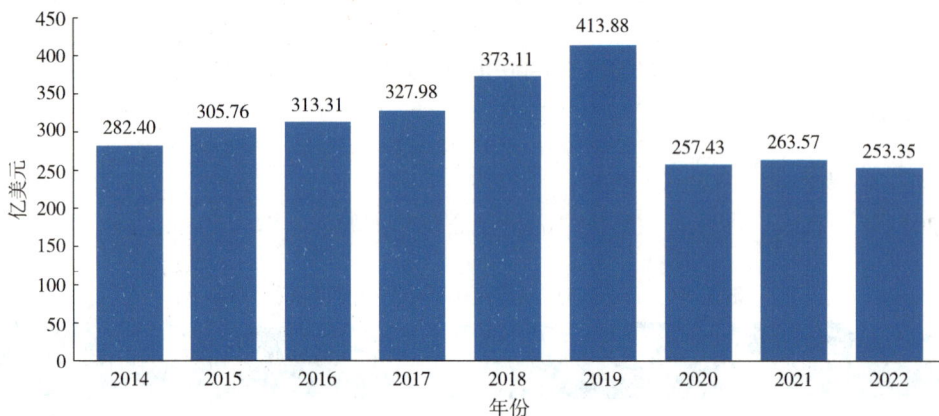

图 1-132　2014—2022 年日本与中国服务贸易进出口金额

数据来源：经济合作与发展组织。

2022年，日本对中国服务贸易顺差为18.86亿美元，连续多年保持贸易顺差格局（见图1-133）。

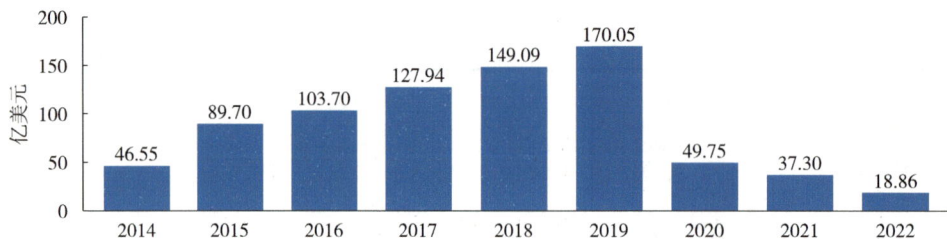

图 1-133　2014—2022 年日本对中国服务贸易平衡情况

数据来源：经济合作与发展组织。

2. 日本对中国服务贸易出口的数据分析

2022年，日本对中国服务贸易出口额为136.10亿美元，同比下降9.53%，已连续3年下滑（见图1-134）。从长期来看，2014—2022年日本对中国服务贸易出口年均下降2.34%，总体呈现下降趋势。

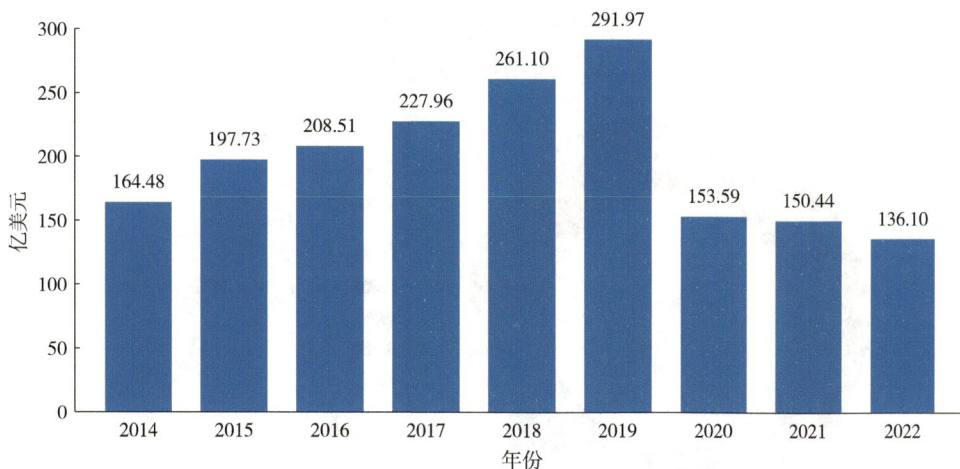

图 1-134　2014—2022 年日本对中国服务贸易的出口金额

数据来源：经济合作与发展组织。

3. 日本自中国服务贸易进口的数据分析

2022年，日本自中国服务贸易进口额为117.25亿美元，同比增长3.63%，延续2021年增长态势（见图1-135）。从长期来看，2014—2022年日本自中国服务贸易的年平均进口额下降0.07%，呈现先升后降趋势，峰值出现于2019年。

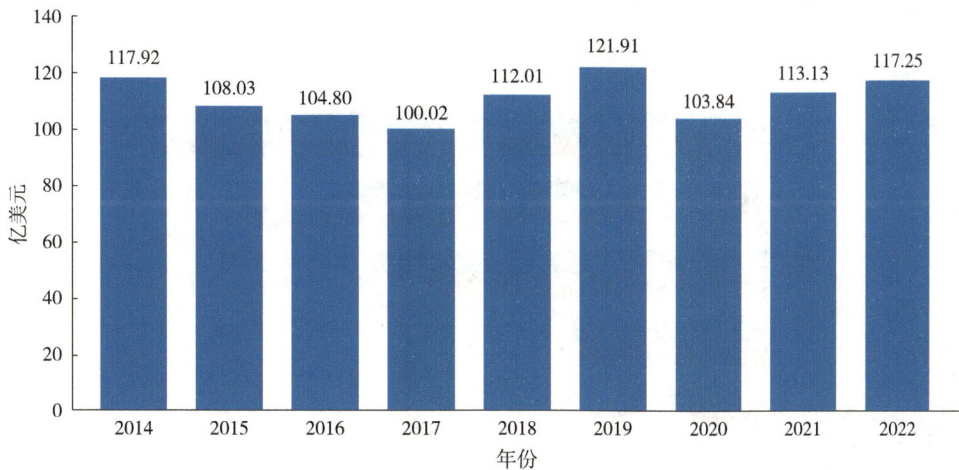

图 1-135　2014—2022 年日本自中国服务贸易的进口金额

数据来源：经济合作与发展组织。

（二）中日服务贸易结构

1. 日本与中国服务贸易的进出口结构分析

2022年，日本与中国服务贸易的进出口主要行业分别为其他商业服务，知识产权使用费，运输，旅行，电信、计算机和信息服务等行业（见图1-136）。其主要行业进出口金额合计为235.29亿美元，合计占比为92.87%。

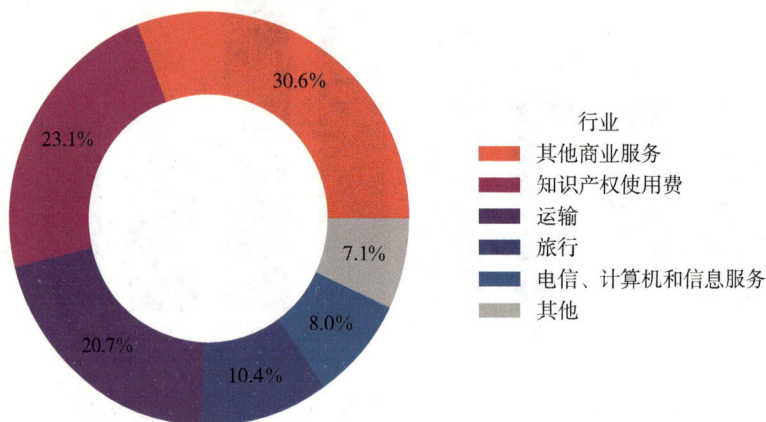

图1-136　2022年日本与中国服务贸易的进出口金额行业占比

数据来源：经济合作与发展组织。

2022年，在主要行业中，进出口同比增长最多的为运输，同比增长15.70%，为52亿美元；其次为旅行，同比增长4.38%，为26亿美元。进出口同比下降最多的为知识产权使用费，同比下降15.66%，为59亿美元；其次为其他商业服务，同比下降4.04%，为78亿美元；再次为电信、计算机和信息服务，同比下降1.73%，为20亿美元（见图1-137）。

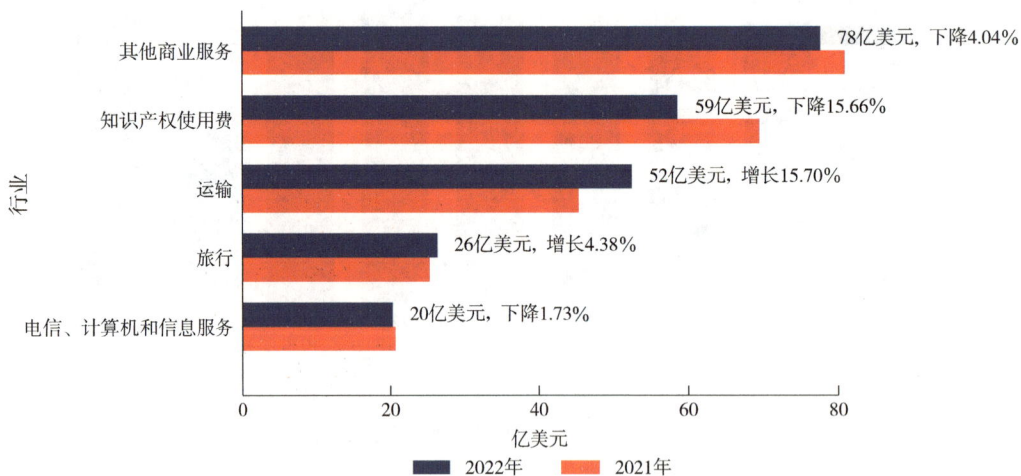

图1-137　2022年日本与中国服务贸易的进出口金额分行业的规模和增速

数据来源：经济合作与发展组织。

从历史趋势来看（见图1-138），2022年日本与中国服务贸易的主要行业进出口金额占比较2021年增加1.22%，较2014年增加0.56%；进出口绝对值较2021年减少6.27亿美元，较2014年减少25.41亿美元。其中，其他商业服务、运输进出口比重总体呈现扩张的趋势（见图1-139）。

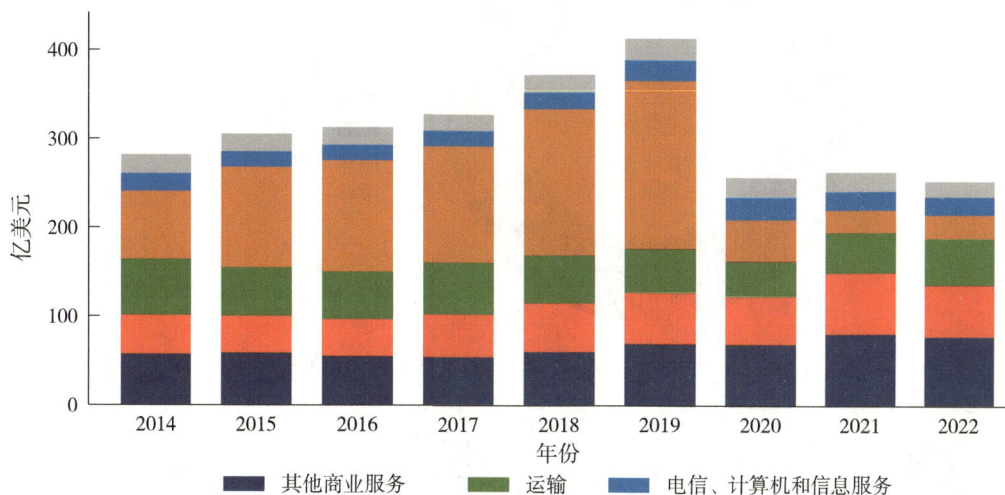

图 1-138　2022 年日本与中国服务贸易的进出口金额分行业规模的历年走势
数据来源：经济合作与发展组织。

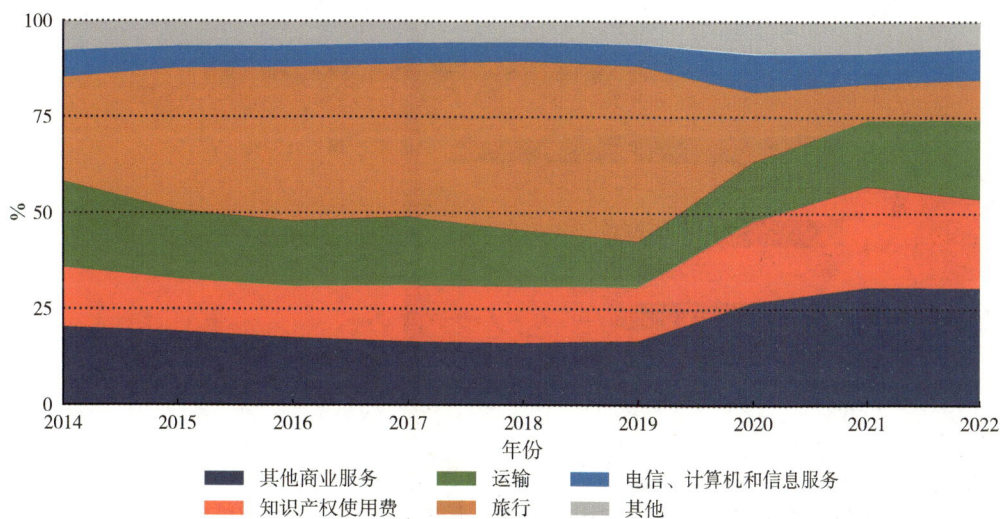

图 1-139　2022 年日本与中国服务贸易的进出口金额分行业占比及历年走势
数据来源：经济合作与发展组织。

2. 日本对中国服务贸易出口结构分析

2022年，日本对中国服务贸易出口主要行业分别为知识产权使用费、运输、旅行、其他商业服务（见图1-140）。其主要行业出口金额合计为126.89亿美元，合计占比为93.23%。

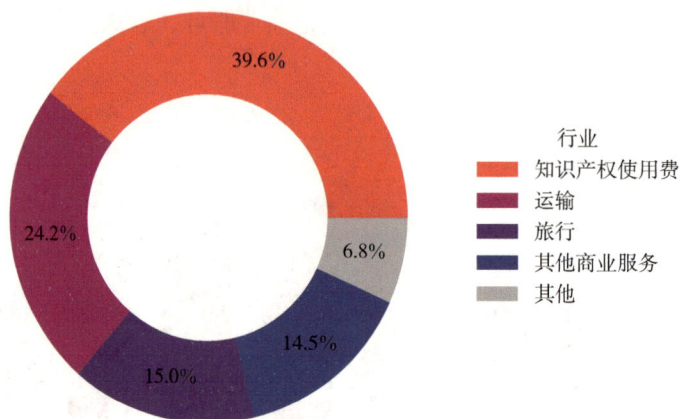

图 1-140　2022 年日本对中国服务贸易出口金额的行业占比

数据来源：经济合作与发展组织。

2022年，在主要行业中，出口同比增长最多的为运输，同比增长11.33%，为33亿美元；其次为旅行，同比增长1.33%，为20亿美元（见图1-141）。出口同比下降最多的为知识产权使用费，同比下降19.10%，为54亿美元；其次为其他商业服务，同比下降10.66%，为20亿美元。

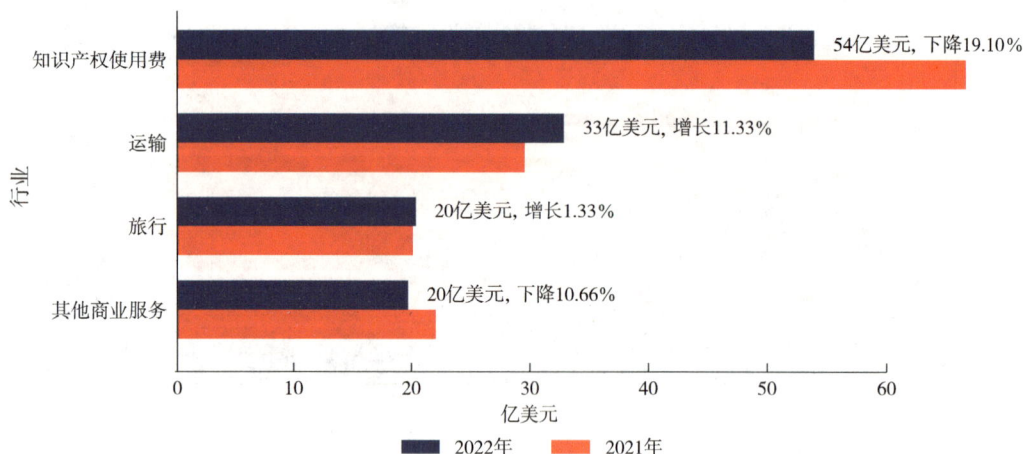

图 1-141　2022 年日本对中国服务贸易出口金额分行业的规模和增速

数据来源：经济合作与发展组织。

从历史趋势来看（见图1-142），2022年日本对中国服务贸易主要行业出口占比较2021年增加1.26%，较2014年减少3.11%；出口绝对值较2021年减少11.47亿美元，较2014年减少31.58亿美元。其中，知识产权使用费、运输、其他商业服务出口比重总体呈现扩张的趋势（见图1-143）。

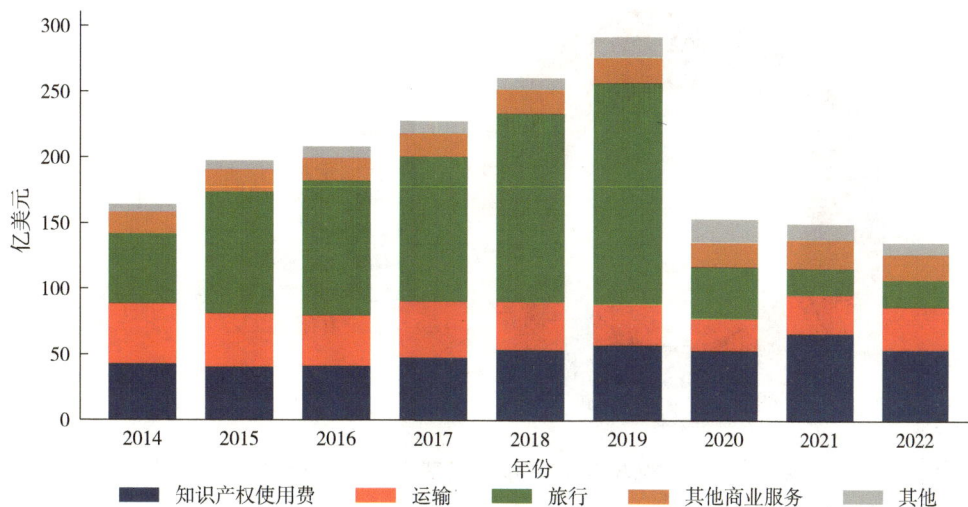

图 1-142　2022 年日本对中国服务贸易出口金额分行业规模的历年走势

数据来源：经济合作与发展组织。

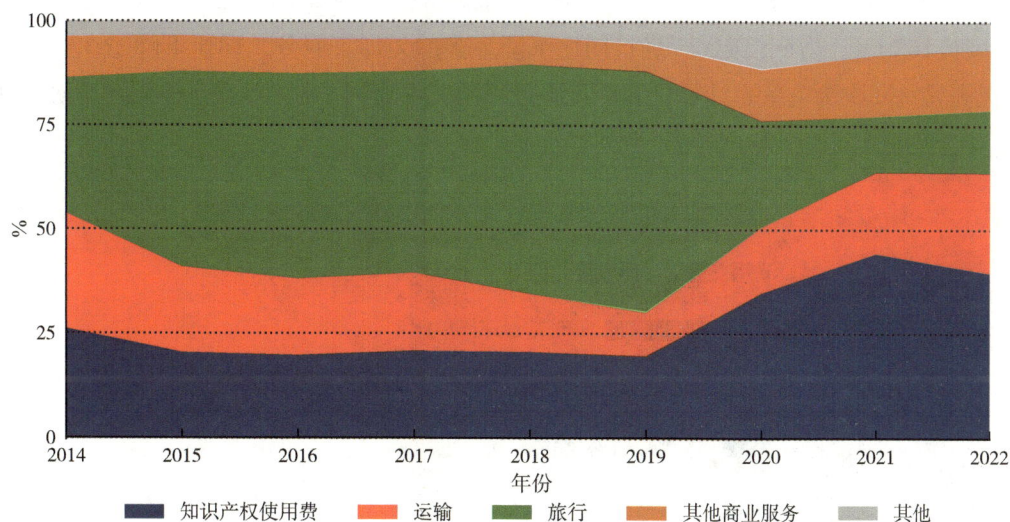

图 1-143　2022 年日本对中国服务贸易出口金额分行业占比及历年走势

数据来源：经济合作与发展组织。

3. 日本自中国服务贸易进口结构分析

2022年，日本自中国服务贸易进口主要行业分别为其他商业服务，运输，电信、计算机和信息服务，旅行，加工服务，知识产权使用费（见图1-144）。其主要行业进口金额合计为109.53亿美元，合计占比为93.42%。

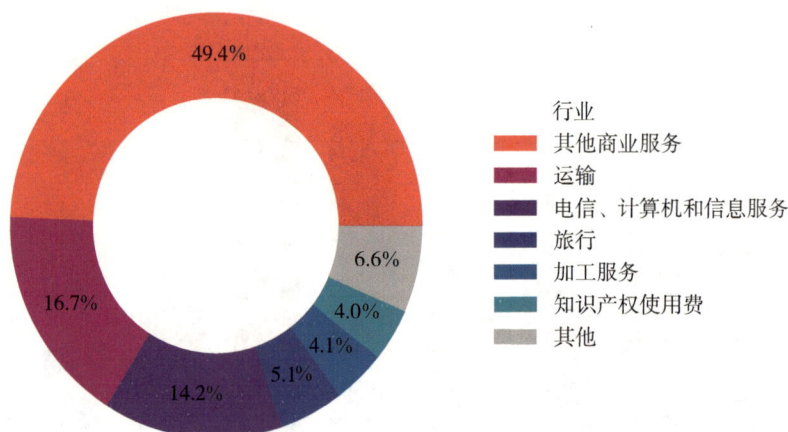

图 1-144　2022 年日本自中国服务贸易进口金额的行业占比

数据来源：经济合作与发展组织。

　　2022 年，在主要行业中，进口同比增长最多的为知识产权使用费，同比增长 65.65%，为 5 亿美元；其次为运输，同比增长 23.88%，为 20 亿美元；再次为旅行，同比增长 16.21%，为 6 亿美元。进口同比下降最多的为加工服务，同比下降 22.37%，为 5 亿美元；其次为电信、计算机和信息服务，同比下降 3.31%，为 17 亿美元；再次为其他商业服务，同比下降 1.56%，为 58 亿美元。

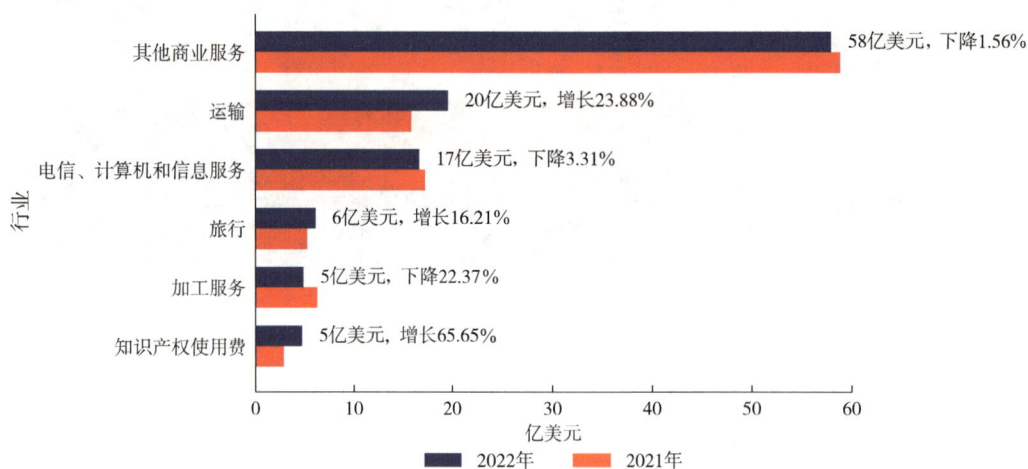

图 1-145　2022 年日本自中国服务贸易进口金额分行业的规模和增速

数据来源：经济合作与发展组织。

　　从历史趋势来看（见图 1-146），2022 年日本自中国进口服务贸易主要行业占比较 2021 年减少 0.22%，较 2014 年减少 1.27%；进口绝对值较 2021 年增加 3.60 亿美元，较 2014 年减少 2.13 亿美元。其中，运输、知识产权使用费进口比重总体呈现扩张的趋势（见图 1-147）。

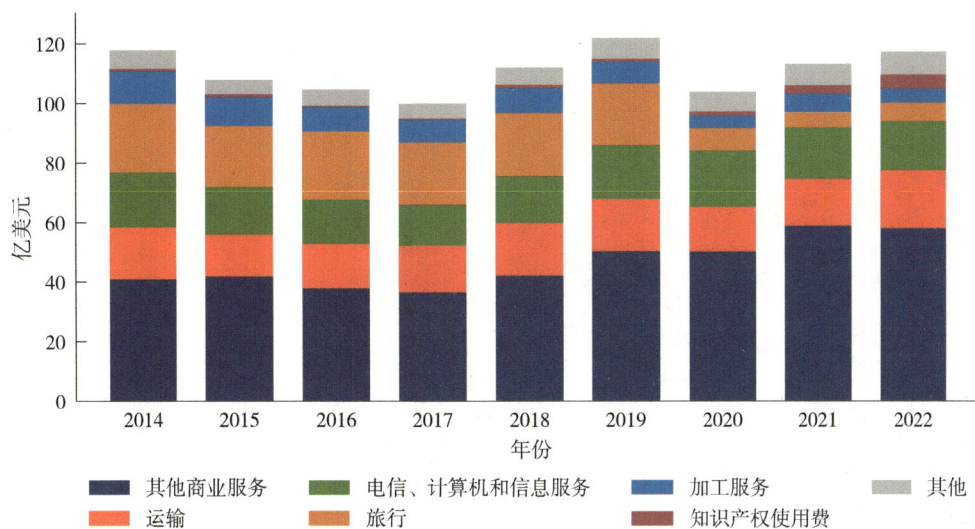

图 1-146　2022 年日本自中国服务贸易的进口金额分行业规模历年走势

数据来源：经济合作与发展组织。

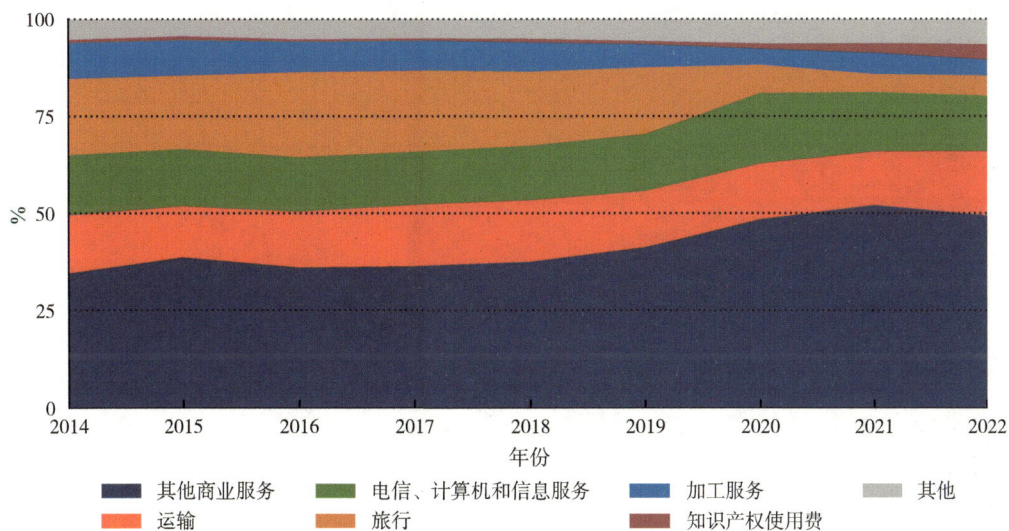

图 1-147　2022 年日本自中国服务贸易进口金额分行业占比及历年走势

数据来源：经济合作与发展组织。

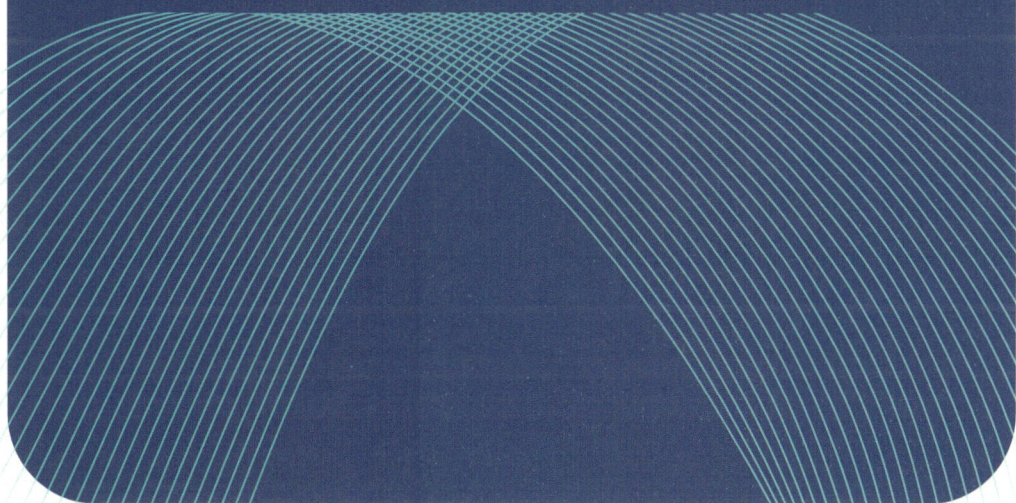

2024
投资篇

一、中日投资合作总览

中日两国均是对外投资大国，在各领域存在广泛的经济联系。长期以来，中日经贸关系一直秉持着互惠互利的原则，为两国经济的繁荣发展奠定了坚实基础。2023年，中国企业积极赴日开展业务。据日本国税厅数据，在日本新设企业4 087家，数量较2022年大幅增加，占当年在日海外法人新设总量的81.3%。区域全面经济伙伴关系协定（RCEP）的实施进一步加强了中日经济纽带，增强了两方的投资信心，为亚太地区和全球经济的发展繁荣注入了新的动力。这些积极的发展为中日两国的经济合作提供了更多机遇，并为地区和全球的繁荣作出了重要贡献。

（一）投资规模

1.中国对日本直接投资流量[①]

《2022年度中国对外直接投资统计公报》显示，2022年中国对日本直接投资流量为39 648万美元，同比下降48.0%，未能延续上年增长态势。

从整体来看，2022年中国对全球直接投资流量为1 631.2亿美元，同比下降8.8%。其中，中国对亚洲地区直接投资流量为1 242.8亿美元，占比为76.2%（见表2-1）。

表2-1　2018—2022年中国对外直接投资流量

单位：亿美元

区域	2018年	2019年	2020年	2021年	2022年
全球	1 430.4	1 369.1	1 537.1	1 788.2	1 631.2
亚洲	1 055.0	1 108.4	1 123.4	1 281.0	1 242.8
日本	4.7	6.7	4.9	7.6	4.0
非洲	53.9	27.0	42.3	49.9	18.1
欧洲	65.9	105.2	126.9	108.7	103.4
拉丁美洲	146.1	63.9	166.6	261.6	163.5
北美洲	87.2	43.7	63.4	65.8	72.7
大洋洲	22.2	20.8	14.5	21.2	30.7

数据来源：《2022年度中国对外直接投资统计公报》。

在亚洲，2022年，中国内地对中国香港直接投资流量为975.3亿美元，同比下降3.6%，占亚洲总体的78.5%。根据香港特别行政区政府统计处的国际收支数据，2022年，中国香港对外直接投资流量主要流向英属维尔京群岛、日本、开曼群岛等，金额

[①] 名词解释：对外直接投资流量，即当年对外直接投资净额，反映当期发生的对外直接投资规模。

分别为2 495亿港元、329亿港元、224亿港元。此外，中国对缅甸、阿拉伯联合酋长国、菲律宾等的直接投资流量增长较快（见表2-2）。

表2-2　2022年中国对亚洲直接投资流量

国家或地区	流量（亿美元）	增速（%）	占比（%）
亚洲	1 242.8	-3.0	100.0
中国香港	975.3	-3.6	78.5
新加坡	83.0	-1.3	6.7
印度尼西亚	45.5	4.1	3.7
越南	17.0	-22.9	1.4
阿拉伯联合酋长国	16.1	79.8	1.3
马来西亚	16.1	20.2	1.3
泰国	12.7	-14.4	1.0
柬埔寨	6.3	35.4	0.5
韩国	5.4	12.4	0.4
日本	4.0	-48.0	0.3
菲律宾	2.7	77.2	0.2
老挝	2.5	-80.2	0.2
缅甸	0.6	235.8	0.05
文莱	0.04	10.9	0.003
其他	55.6	10.2	4.5

数据来源：《2022年度中国对外直接投资统计公报》。

近5年来，中国对日本直接投资流量波动较大，年均下降2.24%，低于长期平均增速。从长期来看，2006—2022年中国对日本直接投资流量年平均增长15.51%，呈现先升后降趋势，峰值出现于2021年（见图2-1）。

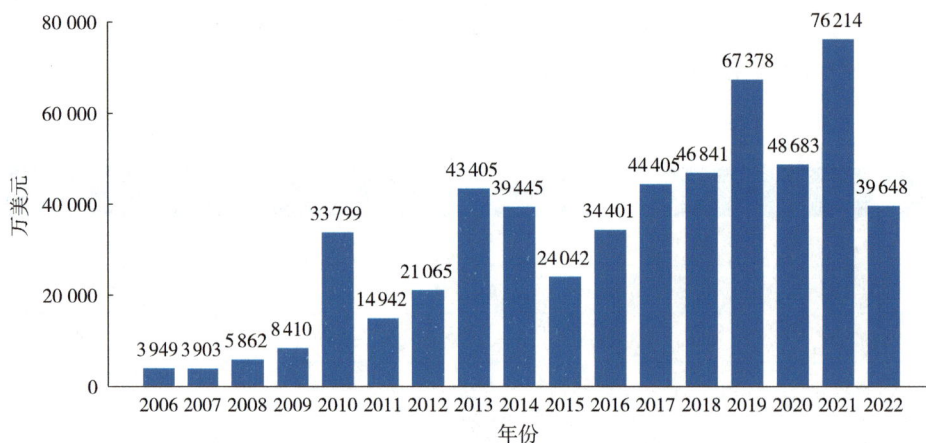

图2-1　2006—2022年中国对日本直接投资流量

数据来源：《2022年度中国对外直接投资统计公报》。

2.中国对日本直接投资存量①

《2022年度中国对外直接投资统计公报》显示，2022年，中国对日本直接投资存量为50.8亿美元，同比增长3.9%，并连续14年实现正增长。

从整体来看，2022年，中国对全球直接投资存量为27 548.1亿美元，同比下降1.1%。其中，中国对亚洲地区直接投资存量为18 318.6亿美元，占比为66.5%（见表2-3）。

表2-3　2018—2022年中国对外直接投资存量

单位：亿美元

区域	2018年	2019年	2020年	2021年	2022年
全球	19 822.7	21 988.8	25 806.6	27 851.5	27 548.1
亚洲	12 761.3	14 602.2	16 448.9	17 720.2	18 318.6
日本	34.9	41.0	42.0	48.8	50.8
非洲	461.0	443.9	434.0	441.9	409.0
欧洲	1 128.0	1 143.8	1 224.3	1 347.9	1 410.7
拉丁美洲	4 067.7	4 360.5	6 298.1	6 937.4	5 961.5
北美洲	963.5	1 002.2	1 000.2	1 002.3	1 034.9
大洋洲	441.1	436.1	401.1	401.9	413.4

数据来源：《2022年度中国对外直接投资统计公报》。

---

① 名词解释：对外直接投资存量，即截至期末累计对外直接投资净额，反映截至本期期末时累计形成的直接投资。

　　在亚洲，2022年末，中国内地对中国香港直接投资存量为15 886.7亿美元，占亚洲总体的86.7%，同比增长2.5%（见表2-4）。中国对亚洲各经济体的直接投资存量普遍增长，其中对菲律宾增速最快，同比增长25.9%。

表2-4　2022年中国对亚洲的直接投资存量

区域	存量（亿美元）	增速（%）	占比（%）
亚洲	18 318.6	3.4	100.0
中国香港	15 886.7	2.5	86.7
新加坡	734.5	9.3	4.0
印度尼西亚	247.2	23.1	1.3
马来西亚	120.5	16.4	0.7
阿拉伯联合酋长国	118.8	20.7	0.6
越南	116.6	7.5	0.6
泰国	105.7	6.6	0.6
老挝	95.8	-3.6	0.5
柬埔寨	74.4	6.9	0.4
韩国	66.7	1.1	0.4
日本	50.8	3.9	0.3
缅甸	39.7	-0.4	0.2
菲律宾	11.1	25.9	0.06
文莱	1.0	7.9	0.01
其他	648.9	6.8	3.5

数据来源：《2021年度中国对外直接投资统计公报》。

　　从历年走势来看，近5年来，中国对日本直接投资存量增速放缓，年均增长9.68%，低于长期平均增速。从长期来看，2006—2022年中国对日本直接投资存量年均增长21.54%，总体呈现上升趋势（见图2-2）。

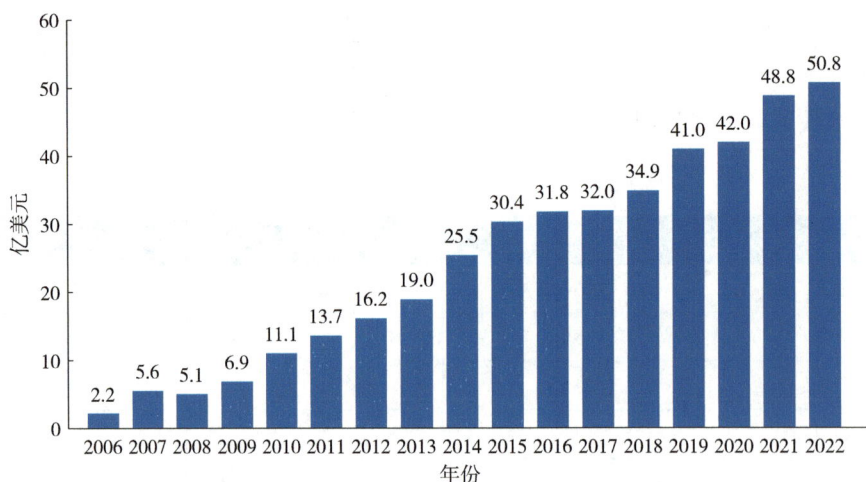

图 2-2　2006—2022 年中国对日本直接投资存量走势

数据来源：《2022年度中国对外直接投资统计公报》。

3.日本对中国直接投资流量

据日本银行数据，2023年，按美元计，日本对中国直接投资流量为27.97亿美元，同比下降45.44%，延续2022年下滑态势。按日元计，日本对中国直接投资流量为3 931亿日元，同比下降41.72%。

从全球范围来看，2023年，按美元计，日本对全球直接投资流量为1 839.65亿美元，同比增长13.52%（见表2-5）。其中，日本对亚洲直接投资流量为301.2亿美元，占比为16.4%。按日元计，日本对全球直接投资流量为25.85万亿日元，同比增长21.3%。

表2-5　2019—2023年日本对外直接投资流量

单位：亿美元

区域	2019年	2020年	2021年	2022年	2023年
全球	2 326.5	996.8	2 089.7	1 620.5	1 839.7
亚洲	503.6	313.1	605.2	344.8	301.2
中国	104.8	100.2	119.8	51.3	28.0
非洲	−12.1	−45.5	15.0	15.2	24.2
欧洲	1 064.5	−127.1	503.3	343.6	480.1
拉丁美洲	166.4	138.6	98.8	135.7	126.8
北美洲	509.3	560.5	823.0	663.2	722.3
大洋洲	94.8	157.2	44.4	118.0	185.1

注：原始数据货币单位是日元。本报告根据国际货币基金组织（IMF）汇率数据折算成美元；原始数据亚洲与中东分开统计，本报告加总计算，以下略。

数据来源：日本银行。

在亚洲，2023年，日本对中国直接投资流量为28.0亿美元，占比为9.3%，排名第一。对印度、越南、菲律宾等直接投资流量增幅较大，其中对越南同比增长32.5%，金额为42.0亿美元，占比提升至14.0%。对泰国、中国台湾等直接投资流量出现较大幅度下滑，增速分别同比下降41.1%、51.9%。对韩国直接投资出现净流出（见表2-6）。

表2-6　2023年日本对亚洲直接投资流量

国家或地区	流量（亿美元）	增速（%）	占比（%）
亚洲	301.2	−12.6	100.0
新加坡	55.3	−13.8	18.4
印度	50.3	22.8	16.7
越南	42.0	32.5	14.0
泰国	35.4	−41.1	11.8
印度尼西亚	29.8	−4.1	9.9
中国	28.0	−45.4	9.3
马来西亚	20.3	12.6	6.7
菲律宾	16.8	29.4	5.6
中国台湾	8.0	−51.9	2.7
中国香港	7.7	31.4	2.6
韩国	−1.4	−133.7	−0.5
其他	8.9	19.0	3.0

数据来源：日本银行。

从长期来看，2014—2023年日本对中国直接投资流量年均下降13.64%，总体呈现下降趋势（见图2-3）。

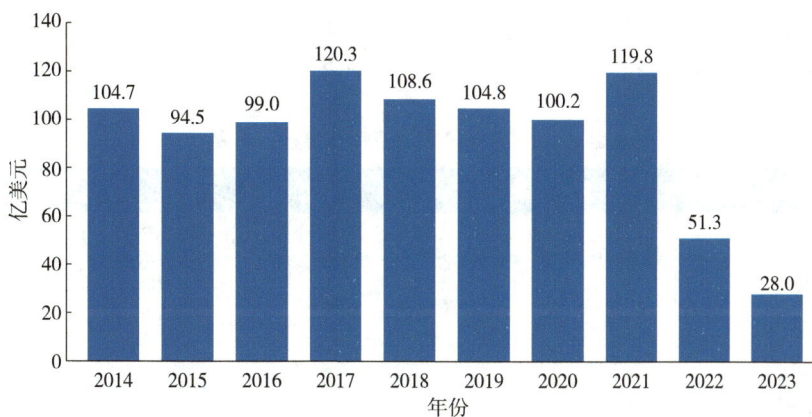

图 2-3　2014—2023 年日本对中国直接投资流量走势

数据来源：日本银行。

4.日本对中国直接投资存量

据日本银行数据，2023年末，按美元计，日本对中国直接投资存量为1 335.6亿美元，同比下降4.28%，延续2022年下滑态势（见表2-7）。按日元计，日本对中国直接投资存量为18.77万亿日元，同比增长2.25%。

从全球范围来看，2023年末，按美元计，日本对全球直接投资存量为20 556.5亿美元，同比增长3.92%。其中，日本对亚洲地区直接投资存量为5 578.3亿美元，占比为27.1%。按日元计，日本对全球直接投资存量为28.89万亿日元，同比增长11.0%。

表2-7 2019—2023年日本对外直接投资存量

单位：亿美元

区域	2019年	2020年	2021年	2022年	2023年
全球	17 822.3	18 288.7	20 140.5	19 781.3	20 556.5
亚洲	5 098.7	5 247.3	5 791.6	5 564.1	5 578.3
中国	1 268.7	1 346.3	1 506.1	1 395.2	1 335.6
非洲	60.8	46.0	59.4	69.0	81.1
欧洲	5 231.1	4 935.9	5 355.4	4 970.1	5 236.9
拉丁美洲	1 237.6	1 209.4	1 028.3	1 103.9	1 163.5
北美洲	5 412.2	5 925.7	7 000.2	7 129.7	7 444.0
大洋洲	781.9	924.5	905.5	944.3	1 052.9

数据来源：日本银行。

在亚洲，2023年末，日本对中国直接投资存量为1 335.6亿美元，占亚洲总体的23.9%，排名第一。对新加坡直接投资存量为1 058.8亿美元，占比为19.0%，排名第二。对泰国直接投资存量为747.4亿美元，占比为13.4%，排名第三（见表2-8）。

表2-8 2023年日本对亚洲直接投资存量

国家或地区	存量（亿美元）	增速（%）	占比（%）
亚洲	5 578.3	0.3	100.0
中国	1 335.6	-4.3	23.9
新加坡	1 058.8	-0.7	19.0
泰国	747.4	3.1	13.4
韩国	390.3	-7.5	7.0
印度尼西亚	388.8	8.4	7.0
中国香港	362.1	-4.7	6.5
印度	334.4	12.2	6.0
越南	274.2	10.1	4.9

国家或地区	存量（亿美元）	增速（%）	占比（%）
马来西亚	200.5	3.7	3.6
中国台湾	180.0	−3.5	3.2
菲律宾	178.3	7.8	3.2
其他	127.9	2.3	2.3

数据来源：日本银行。

从长期来看，2014—2023年日本对中国直接投资存量年均增长1.40%，呈现先升后降趋势，峰值出现于2021年（见图2-4）。

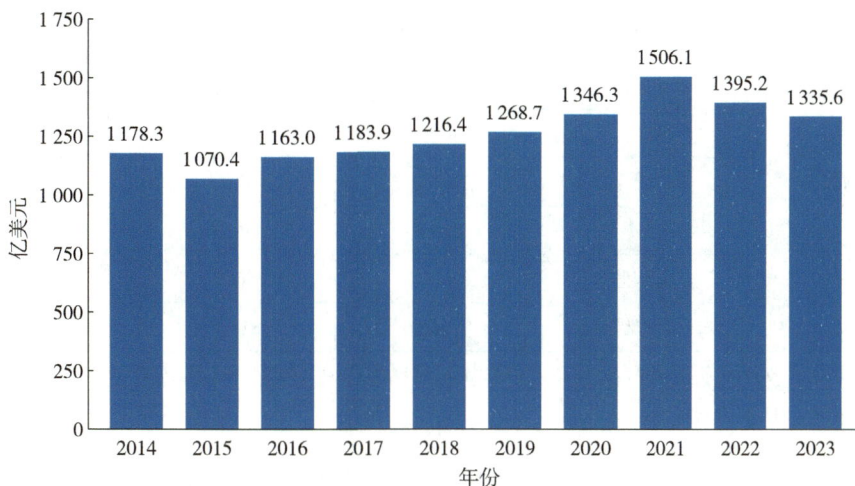

图 2-4　2014—2023 年日本对中国直接投资存量走势

数据来源：日本银行。

（二）投资结构

1.中国对日本直接投资流量的结构

据日本银行数据，2023年，中国对日本直接投资流量主要集中于非制造业。其中，对日本制造业投资流量为4 482.9万美元，较2022年下降53.2%，占比为18.2%；对日本非制造业投资流量为20 208.5万美元，较2022年增长5.5%，占比为81.8%（见表2-9）。

从细分行业来看，对日本服务业等行业直接投资流量有显著增长，较2022年增长42.2%，金额为2 917.4万美元。

表2-9 2023年中国对日本直接投资流量的结构

分类	行业	流量（万美元）	增速（%）	占比（%）
制造业	合计	4 482.9	−53.2	18.2
	化学·制药	1 494.3	−14.5	6.1
	铁·有色金属	142.3	−86.6	0.6
	一般机器	−1 494.3	不适用*	不适用*
	电气机器	2 348.2	−54.6	9.5
	运输机器	782.7	−51.0	3.2
	未列明制造业	1 209.7	不适用*	4.9
非制造业	合计	20 208.5	5.5	81.8
	运输业	−996.2	不适用*	不适用*
	通信业	−426.9	−193.6	不适用*
	批发零售	1 850.1	−21.5	7.5
	房地产	213.5	−68.8	0.9
	服务业	2 917.4	42.2	11.8
	未列明非制造业	16 650.6	18.4	67.4

注：由于中方统计不包含对日投资明细数据，所以采用日方统计数据（更新到2023年）。
数据来源：日本银行。

从全球范围来看，据《2022年度中国对外直接投资统计公报》数据，2022年，中国对外直接投资流量集中在非制造业，制造业增长势头较好。其中，中国对制造业投资流量为271.4亿美元，较2021年增长1.0%，占比为16.6%；对非制造业投资流量为1 359.7亿美元，较2021年下降10.5%，占比为83.4%（见表2-10）。

在制造业投资中，2022年，中国内地对中国香港、欧盟等的直接投资流量较快增长，其中对欧盟流量为38.6亿美元，较2021年增长4.6%，主要流向瑞典、德国、卢森堡等国家；对美国流量下滑明显，下降13.6%。

在非制造业投资中，中国对美国直接投资流量为57.5亿美元，较2021年增长51.3%，主要流向金融业32.9亿美元、科学研究和技术服务业6.5亿美元、批发和零售业5.9亿美元等。

表2-10　2022年中国内地对全球直接投资流量

分类	国家或地区	流量（亿美元）	增速（%）	占比（%）
制造业	合计	271.4	1.0	16.6
	中国香港	78.4	25.8	4.8
	东盟	82.1	-4.7	5.0
	欧盟	38.6	4.6	2.4
	美国	15.4	-13.6	0.9
	其他	56.9	-13.0	3.5
非制造业	合计	1 359.7	-10.5	83.4
	中国香港	896.9	-5.5	55.0
	东盟	104.3	-6.1	6.4
	欧盟	30.4	-27.0	1.9
	美国	57.5	51.3	3.5
	其他	270.6	-28.6	16.6

数据来源：《2022年度中国对外直接投资统计公报》。

2. 中国对日本直接投资存量结构

据日本银行数据，2023年末，中国对日本直接投资存量主要集中于非制造业。其中，中国对日本制造业投资存量为5.8亿美元，较2022年增长2.0%，占比为22.3%；对日本非制造业投资存量为20.3亿美元，较2022年增长2.9%，占比为77.7%（见表2-11）。

从细分行业来看，对日本运输机器业、批发零售业等直接投资存量出现较快增长。电器机器业、服务业等直接投资存量保持增长。

表2-11　2023年中国对日本直接投资存量

分类	行业	存量（亿美元）	增速（%）	占比（%）
制造业	合计	5.8	2.0	22.3
	化学·制药	2.3	-6.1	8.7
	电气机器	2.1	5.3	8.1
	运输机器	0.4	20.4	1.5
	未列明制造业	1.0	86.0	4.0
非制造业	合计	20.3	2.9	77.7
	通信业	1.3	-19.3	5.1
	批发零售	1.1	11.2	4.3

续　表

分类	行业	存量（亿美元）	增速（%）	占比（%）
非制造业	房地产	1.0	−5.7	3.8
	服务业	2.0	9.3	7.6
	未列明非制造业	14.9	11.6	56.9

数据来源：日本银行。

从全球范围来看，据《2022年度中国对外直接投资统计公报》数据，2022年，中国对外直接投资存量集中于非制造业，但占比略有下降。其中，对制造业投资存量为2 679.9亿美元，较2021年增长1.8%，占比为9.7%；对非制造业投资存量为24 868.1亿美元，较2021年下降1.4%，占比为90.3%（见表2-12）。

在制造业投资中，2022年，中国对东盟、欧盟等的直接投资存量较快增长，其中对东盟存量为492.8亿美元，较2021年增长18.0%，主要分布在印度尼西亚、新加坡、越南、泰国和马来西亚等国家；对中国香港直接投资存量下降9.6%。

在非制造业投资中，中国内地对中国香港直接投资存量为15 149.6亿美元，较2021年增长3.2%，份额优势明显，其中租赁和商业服务业为7 532.6亿美元、批发和零售业为2 419.1亿美元、金融业为1 805.7亿美元。

表2-12　2022年中国内地对全球直接投资存量结构

分类	国家或地区	存量（亿美元）	增速（%）	占比（%）
制造业	合计	2 679.9	1.8	9.7
	中国香港	737.1	−9.6	2.7
	东盟	492.8	18.0	1.8
	欧盟	343.4	18.7	1.2
	美国	247.8	6.6	0.9
	其他	858.8	−2.2	3.1
非制造业	合计	24 868.1	−1.4	90.3
	中国香港	15 149.6	3.2	55.0
	东盟	1 053.8	7.0	3.8
	欧盟	668.5	−0.2	2.4
	美国	543.9	0.9	2.0
	其他	7 452.3	−10.7	27.1

数据来源：《2022年度中国对外直接投资统计公报》。

3.日本对中国直接投资流量结构

据日本银行数据，2023年，日本对中国直接投资流量主要集中于制造业。其中，对中国制造业投资流量为14.3亿美元，较2022年下降57.5%，占比为51.0%；对中国非制造业投资流量为13.7亿美元，较2022年下降22.4%，占比为49.0%（见表2-13）。

从细分行业来看，除钢铁业外，部分行业出现负增长，其中，一般机器直接投资流量为2.9亿美元，较2022年下降69.9%。食品、橡胶皮革、精密机器等行业出现净流出。

表2-13　2023年日本对中国直接投资流量结构

分类	行业	流量（亿美元）	增速（%）	占比（%）
制造业	合计	14.3	-57.5	51.0
	食品	-1.3	—	—
	钢铁	1.1	1 037.8	4.0
	木材	0.9	-51.2	3.4
	化学·制药	-0.2	—	—
	石油	-0.1	—	—
	橡胶皮革	-1.9	—	—
	玻璃	-1.8	—	—
	铁·有色金属	1.5	-49.0	5.3
	一般机器	2.9	-69.9	10.3
	电气机器	3.7	—	13.1
	运输机器	10.3	-38.0	36.7
	精密机器	-1.6	—	—
	未列明制造业	0.8	-54.4	2.8
非制造业	合计	13.7	-22.4	49.0
	建筑业	0.1	—	0.2
	运输业	0.3	-69.9	0.9
	通信业	-0.4	—	—
	批发零售	5.9	-38.5	21.1
	金融	6.3	-25.2	22.7
	房地产	1.2	—	—
	未列明非制造业	0.3	-64.9	1.2

数据来源：日本银行。

从全球范围来看，2023年，日本对外直接投资流量以非制造业为主，与制造业均实现较快增速。其中，日本对制造业直接投资流量为640.0亿美元，较2022年增长

17.6%，占比为34.8%；对非制造业投资流量为1 199.7亿美元，较2022年增长11.5%，占比为65.2%（见表2-14）。

在制造业投资中，2023年，日本对美国直接投资流量较快增长，为267.9亿美元，较2022年增长49.4%；对中国、东盟等均出现较大幅度下滑。

在非制造业投资中，2023年，日本对中国、东盟、美国等直接投资流量均出现下降。其中，日本对美国非制造业投资流量最大，为416.7亿美元，较2022年下降9.8%。

表2-14　2023年日本对全球直接投资流量结构

分类	国家或地区	流量（亿美元）	增速（%）	占比（%）
制造业	合计	640.0	17.6	34.8
	中国	14.3	−57.5	0.8
	东盟	66.1	−16.1	3.6
	欧洲	162.4	9.1	8.8
	美国	267.9	49.4	14.6
	其他	129.3	25.0	7.0
非制造业	合计	1 199.7	11.5	65.2
	中国	13.7	−22.4	0.7
	东盟	136.2	−4.2	7.4
	欧洲	317.7	63.1	17.3
	美国	416.7	−9.8	22.7
	其他	315.4	21.4	17.1

数据来源：日本银行。

4.日本对中国直接投资存量结构

据日本银行数据，2023年，日本对中国直接投资存量主要集中于制造业。其中，对中国制造业投资存量为841.3亿美元，较2022年下降4.3%，占比为63.0%；对中国非制造业投资存量为493.7亿美元，较2022年下降4.2%，占比为37.0%（见表2-15）。

从细分行业来看，日本对中国直接投资存量主要分布在批发零售、运输机器、电气机器、金融、一般机器等行业，但对各行业的直接投资存量普遍减少。

表2-15　2023年日本对中国直接投资存量结构

分类	行业	存量（亿美元）	增速（%）	占比（%）
制造业	合计	841.3	−4.3	63.0
	食品	35.8	−7.1	2.7
	钢铁	15.1	0.2	1.1
	木材	26.1	−3.4	2.0

续　表

分类	行业	存量（亿美元）	增速（%）	占比（%）
制造业	化学·制药	97.5	−6.5	7.3
	石油	0.5	−42.2	0.04
	橡胶皮革	15.7	−13.2	1.2
	玻璃	23.8	−21.4	1.8
	铁·有色金属	73.5	0.3	5.5
	一般机器	139.1	−4.0	10.4
	电气机器	158.9	−1.9	11.9
	运输机器	210.5	−2.9	15.8
	精密机器	11.2	−9.1	0.8
	未列明制造业	33.6	−6.0	2.5
非制造业	合计	493.7	−4.2	37.0
	建筑业	2.0	8.2	0.2
	运输业	5.6	−18.6	0.4
	通信业	2.4	−19.9	0.2
	批发零售	259.1	−4.1	19.4
	金融	156.9	−2.4	11.7
	房地产	22.1	−12.9	1.7
	服务业	38.0	−2.1	2.8
	未列明非制造业	7.6	−18.6	0.6

数据来源：日本银行。

从全球范围来看，2023年末，日本对制造业投资存量为7 655.0亿美元，较2022年增长3.7%，占比为37.2%；对非制造业投资存量为12 901.4亿美元，较2022年增长4.1%，占比为62.7%（见表2-16）。

在制造业投资中，2023年末，日本对东盟、欧洲、美国等直接投资存量均实现增长。其中，日本对东盟存量为1 311.9亿美元，较2022年增长1.4%；对欧洲存量为1 960.5亿美元，较2022年增长5.6%；对美国存量为2 176.3亿美元，较2022年增长6.1%。

在非制造业投资中，日本对美国直接投资存量为5 000.8亿美元，较2022年增长3.4%，规模最大；对欧洲直接投资存量为3 276.3亿美元，较2022年增长5.2%，增速最高。

表2-16 2023年日本对全球直接投资存量结构

分类	国家或地区	2023年存量	增速（%）	占比（%）
制造业	合计	7 655.0	3.7	37.2
	中国	841.2	−4.3	4.1
	东盟	1 311.9	1.4	6.4
	欧洲	1 960.5	5.6	9.5
	美国	2 176.3	6.1	10.6
	其他	1 365.1	4.7	6.6
非制造业	合计	12 901.4	4.1	62.7
	中国	494.3	−4.2	2.4
	东盟	1 575.0	4.6	7.7
	欧洲	3 276.3	5.2	15.9
	美国	5 000.8	3.4	24.3
	其他	2 555.0	5.5	12.4

数据来源：日本银行。

二、中国在日本都、道、府、县投资情况

下面将采用新设企业数据，从微观层面解析中日投资合作情况。其中，中国在日本成立企业数据来自日本国税厅，日本在中国成立企业数据来自中国商务部和中国国家市场监督管理总局。此外，将中日双方企业基本信息进行交叉关联，以更全面地展示中国省（自治区、直辖市）与日本都、道、府、县之间的企业投资合作关系。

（一）投资规模

根据日本国税厅数据，2023年，有5 028家海外企业在日本注册法人，成立企业数量超过2022年水平。其中，中国（不含港澳台，以下略）在日本成立企业4 087家，成立企业数量较上年大幅增长。

按都、道、府、县统计，2023年，多数成立企业未登记注册地址。在余下企业中，中国在东京都成立企业15家，排名第一；在大阪府、神奈川等均有成立（见表2-17）。

表2-17 2023年中国在都、府、县成立企业明细

都、府、县	成立企业数（家）
东京都	15
大阪府	3

续 表

都、府、县	成立企业数（家）
神奈川县	1
千叶县	1
爱知县	1
兵库县	1
未登记办公地址	4 065
合计	4 087

数据来源：日本国税厅。

按投资方所在地统计，2023年，广东省在日本成立企业2 377家，排名第一；浙江省成立企业442家，排名第二；福建省成立企业242家，排名第三（见表2-18）。

表2-18   2023年在日成立企业中国投资方所在地方情况

省（直辖市）	成立企业数（家）
广东省	2 377
浙江省	442
福建省	242
江苏省	146
湖南省	117
上海市	109
山东省	103
湖北省	84
河南省	79
山西省	53
其他（含未登记）	335
合计	4 087

数据来源：日本国税厅、中国国家市场监督管理总局。

从注册资本来看，2023年，中国的中小企业在对日投资中发挥了积极作用。其中，96.5%的中方母公司注册资本小于1 000万元人民币，99.7%的中方母公司注册资本小于10 000万元人民币（见表2-19）。

表2-19   2023年在日成立企业的中方母公司的注册资本及情况

注册资本（万元人民币）	在日成立企业数（家）	占比（%）	累计占比（%）
[0，1 000)	3 537	96.5	96.5

注册资本（万元人民币）	在日成立企业数（家）	占比（%）	累计占比（%）
[1 000，10 000）	117	3.2	99.7
10 000及以上	13	0.3	100
未登记	420	—	—

注：[表示大于等于，）表示小于，以下略。

数据来源：中国国家市场监督管理总局，日本国税厅。

从成立时间来看，2023年，中国初创期和成长期企业在对日投资中发挥积极作用。其中，94.6%的中方母公司成立于2010年及以后，38.0%的中方母公司成立于2019年后（见表2-20）。

表2-20　2023年在日成立企业的中方母公司成立时间等情况

注册资本（万元人民币）	在日成立企业数（家）	占比（%）	累计占比（%）
2010年前	198	5.4	5.4
2010—2019年（含）	2 075	56.6	62.0
2019年后	1 394	38.0	100
未登记	420	—	—

数据来源：中国国家市场监督管理总局、日本国税厅。

（二）投资结构

2023年，中国在日本成立企业以批发和零售业，科学研究和技术服务业，信息传输、软件和信息技术服务业等行业为主。其中，批发和零售业成立企业2 339家，排名第一；科学研究和技术服务业成立企业426家，排名第二；制造业成立企业359家，排名第三（见表2-21）。

表2-21　2023年在日成立企业的中方母公司所属行业情况

所属行业	成立企业数（家）
批发和零售业	2 339
科学研究和技术服务业	426
信息传输、软件和信息技术服务业	359
制造业	328
租赁和商务服务业	129
居民服务、修理和其他服务业	24
交通运输、仓储和邮政业	22
文化、体育和娱乐业	18

所属行业	成立企业数（家）
建筑业	7
其他（含未登记）	435

注：行业划分按《国民经济行业分类》（GB/T 4754—2017）统计，以下略。

数据来源：中国国家市场监督管理总局、日本国税厅。

按投资方所在地统计，广东、浙江、福建等的批发和零售业、科学研究和技术服务业、制造业企业在日本大量成立企业（见表2-22）。

表2-22　2023年新设企业行业结构

所属行业	广东	浙江	福建	江苏	湖南	上海	山东	湖北	河南	其他	合计
批发和零售业	1 413	262	138	69	53	45	57	47	47	208	2 339
科学研究和技术服务业	199	40	32	25	21	22		11	9	67	426
信息传输、软件和信息技术服务业	204	30	28	5	25	11	4	7	8	37	359
制造业	178	59	11	22	5	6	25	2	1	19	328
租赁和商务服务业	67	5	11	4	4	14	3	3	3	15	129
居民服务、修理和其他服务业	21					1				2	24
交通运输、仓储和邮政业	14	1	2			1	1	1		2	22
文化、体育和娱乐业	9		1	2		2		1		3	18
建筑业	2			2	1			1		1	7
其他（含未登记）	270	45	19	17	8	8	12	11	11	34	435
合计	2 377	442	242	146	117	109	103	84	79	388	4 087

数据来源：中国国家市场监督管理总局、日本国税厅。

三、日本在中国省（自治区、直辖市）投资情况

（一）投资规模

据国家市场监督管理总局数据，2023年，在中国成立的外商投资企业为2 6362家。其中，根据商务部外商投资信息报告公示数据，日本法人（不含自然人，以下略）在中国成立外商投资企业401家。

按省（自治区、直辖市）统计，2023年，日本在山东省成立企业109家，排名第一；

在上海市成立企业89家，排名第二；在江苏省成立企业48家，排名第三（见表2-23）。

表2-23　2023年日本在中国省（直辖市）成立企业情况

省（直辖市）	成立企业数（家）
山东省	109
上海市	89
江苏省	48
广东省	36
辽宁省	29
浙江省	19
北京市	15
海南省	10
吉林省	7
湖北省	6
其他	33

数据来源：商务部、国家市场监督管理总局。

按注册资本统计，2023年，日本在中国成立外商投资企业注册资本总计47.1亿美元（统一折算为美元，以下略）。其中，日本在山东省新成立外商投资企业的注册资本总计321 716.0万美元，排名第一；在江苏省的注册资本总计62 119.5万美元，排名第二；在上海市的注册资本总计23 668.4万美元，排名第三（见表2-24）。从每家企业获得投资金额均值来看，2023年，日本在四川省、山东省、江苏省、河北省等地方的出资均值高于全国平均水平。

表2-24　2023年日本成立企业注册资本明细

省（直辖市）	注册资本（万美元）	成立企业数（家）	出资均值（万美元）
山东省	321 716.0	109	2 951.5
江苏省	62 119.5	48	1 294.2
上海市	23 668.4	89	265.9
北京市	14 412.3	15	960.8
四川省	9 900.4	3	3 300.1
浙江省	8 866.4	19	466.7
广东省	6 367.7	36	176.9
河北省	6 223.9	5	1 244.8
辽宁省	5 408.9	29	186.5
河南省	4 330.0	5	866.0
其他	8 001.4	43	186.1

数据来源：商务部、国家市场监督管理总局。

（二）投资结构

从企业数量来看，2023年，日本在中国成立企业以批发和零售业、科学研究和技术服务业、制造业等为主。其中，批发和零售业成立企业133家，排名第一；科学研究和技术服务业成立企业107家，排名第二；制造业成立企业为57家，排名第三（见表2-25）。

表2-25 2023年日本在中国成立企业所属行业情况

行业门类	新设企业数
批发和零售业	133
科学研究和技术服务业	107
制造业	57
租赁和商务服务业	51
信息传输、软件和信息技术服务业	27
文化、体育和娱乐业	7
交通运输、仓储和邮政业	4
电力、热力、燃气及水生产和供应业	3
农、林、牧、渔业	3
建筑业	2
其他	7

数据来源：商务部、国家市场监督管理总局。

从注册资本来看，2023年，批发和零售业注册资本合计133 390.0万美元，排名第一；制造业注册资本合计114 849.7万美元，排名第二；科学研究和技术服务业注册资本合计107 380.7万美元，排名第三（见表2-26）。从每家企业获得投资平均金额来看，金融业出资均值6 580.3万美元，排名第一。

表2-26 2023年日本在中国成立企业所属行业投资金额

行业门类	注册资本（万美元）	新设企业数（家）	出资均值（万美元）
批发和零售业	133 390.0	133	1 002.9
制造业	114 849.7	57	2 014.9
科学研究和技术服务业	107 380.7	107	1 003.6
信息传输、软件和信息技术服务业	49 653.4	27	1 839.0
租赁和商务服务业	32 607.1	51	639.4
金融业	13 160.6	2	6 580.3
交通运输、仓储和邮政业	5 685.5	4	1 421.4
建筑业	4 521.2	2	2 260.6

续　表

行业门类	注册资本（万美元）	新设企业数（家）	出资均值（万美元）
房地产业	4 000.0	1	4 000.0
电力、热力、燃气及水生产和供应业	2 058.6	3	686.2
其他	3 708.1	14	264.9

数据来源：商务部、国家市场监督管理总局。

2023年，日本在中国成立制造业企业57家，注册资本总计114 849.7万美元，每家企业出资金额均值3 760.3万美元；非制造业企业657家，注册资本总计1 065 551.9万美元，每家企业出资金额均值2 014.9万美元。

按省（自治区、直辖市）划分，日本对上海市、北京市、四川省、河北省、海南省等投资行业集中于非制造业；对山东省、江苏省、广东省等投资侧重于制造业（见表2-27）。

表2-27　2023年日本在省（直辖市）成立企业概况

省（直辖市）	非制造业投资额（万美元）	非制造业企业（家）	制造业投资额（万美元）	制造业企业（家）
山东省	242 236.2	92	79 479.8	17
江苏省	41 738.4	40	20 381.1	8
上海市	23 212.6	86	455.8	3
北京市	14 012.3	14	400.0	1
四川省	9 900.4	3	—	—
河北省	6 209.8	4	14.1	1
辽宁省	4 646.1	26	762.8	3
河南省	4 047.7	4	282.3	1
广东省	2 692.3	31	3 675.4	5
海南省	1 975.8	10	—	—
其他	5 493.6	34	9 398.4	18

数据来源：商务部、国家市场监督管理总局。

以山东省为例，2023年，日本在山东省新成立企业以批发和零售业、科学研究和技术服务业、制造业为主。其中，制造业注册资本79 479.8万美元，成立数量17家，出资均值4 675.3万美元（见表2-28）。

表2-28　2023年日本在山东省投资情况

行业门类	注册资本（万美元）	新设企业数（家）	出资平均值（万美元）
批发和零售业	97 778.3	36	2 716.1

续 表

行业门类	注册资本（万美元）	新设企业数（家）	出资平均值（万美元）
科学研究和技术服务业	80 039.8	27	2 964.4
制造业	79 479.8	17	4 675.3
信息传输、软件和信息技术服务业	32 510.1	10	3 251.0
租赁和商务服务业	20 456.7	12	1 704.7
建筑业	4 500.0	1	4 500.0
交通运输、仓储和邮政业	4 500.0	1	4 500.0
电力、热力、燃气及水生产和供应业	1 000.1	2	500.1
农、林、牧、渔业	951.2	2	475.6
文化、体育和娱乐业	500.0	1	500.0

数据来源：商务部、国家市场监督管理总局。

以上海市为例，2023年，日本在上海市成立企业以科学研究和技术服务业为主，注册资本12 895.1万美元，成立企业23家，出资平均值560.7万美元（见表2-29）。

表2-29　2023年日本在上海市的投资情况

行业门类	注册资本（万美元）	成立企业数（家）	出资均值（万美元）
科学研究和技术服务业	12 895.1	23	560.7
批发和零售业	8 650.5	39	221.8
租赁和商务服务业	949.0	14	67.8
制造业	455.8	3	151.9
卫生和社会工作	289.3	2	144.7
文化、体育和娱乐业	172.4	5	34.5
居民服务、修理和其他服务业	156.7	1	156.7
信息传输、软件和信息技术服务业	99.5	2	49.8

数据来源：商务部、国家市场监督管理总局。

四、中日对外经济合作

（一）劳务合作

对外劳务合作，是指组织劳务人员赴其他国家或者地区为国外的企业或者机构工作的经营性活动。从政策法规来看，中国企业开展对外劳务业务，需要经过中国政府商务主管部门的经营资格审批，须具备充足资本、有经验管理人员、健全应急处置制度、无犯罪记录等条件，并缴存不低于300万元人民币的对外劳务合作风险处置备用金。

日本方面，自1993年起，日本建立"外国人研修·技能实习制度"，将现"研修生"改称为"技能实习生"。2019年4月创设的"特定技能"制度，以技能考试和日语考试合格等为条件，允许在人手严重短缺的行业就业，有条件地开放了企业直接雇用外国劳动力的大门。其中，2019年推出"特定技能"外劳居留准证分为1号和2号。1号允许12种行业申请，但居留期限最长为5年。只有技术要求高的建筑、造船和护理业等的外籍工人居留期满后，可申请长期就业的2号准证。随着日本社会老龄化与少子化趋势发展，申请2号准证涵盖的行业领域有望扩大。

中国是劳务输出大国。据中国商务部统计，2023年，中国企业共向境外派出各类劳务人员34.7万人，较2022年同期增加8.8万人；其中承包工程项下派出11.1万人，劳务合作项下派出23.6万人。年末在外各类劳务人员54.1万人。

日本是劳务输入大国。目前，日本各行业面对的人手紧缺问题越来越严重，未来如果要取得预期的经济增长目标，需加大力度引进外国劳动者。数据显示，2019年以前，日本是中国最大的对外劳务输出地，中国是日本最大的外国劳动者来源地。随着经济社会条件发展，中日劳务合作的趋势和结构发生转变，2020年，中国在日劳动者数量首次被越南超越；2021—2022年中越在日劳动者数量差距不断拉大。中国劳动者占整体的比重也从2012年的40%下降至21.2%。尽管如此，中国在日劳动者规模仍然排名第二。

据日本厚生劳动省统计，截至2023年10月，在日本工作的外国劳动者达到2 048 675人，较2022年同期增长12.4%（增加22.6万余人），首次超过了200万人，从国籍来看，在日本的外国劳动者排名前三的越南、中国（含港澳地区）、菲律宾三国合计人数超过110万，占总人数的55.8%。其中，越南518 364人（占25.3%）；中国397 918人（占19.4%）；菲律宾226 846人（占11.1%）。同比增速排名前三的分别为印度尼西亚为121 507人，同比增长56.0%；缅甸为71 188人，同比增长49.9%；尼泊尔为145 587人，同比增长23.2%。

从居留日本资格的划分来看，在教育研究、医疗、法律、经营等领域拥有较高知识或技术的专业技术人员的增长最为突出，同比增长24.2%，为595 904人。其次是新冠疫情期间有所减少的技能实习人员转为增长，同比增长20.2%，为412 501人。

从都、道、府、县分布情况来看，东京都人数最多，为542 992人，占比为26.5%。其次是爱知县（10.3%）和大阪府（7.1%）。同比增速排在前三位的分别是青森（28.7%）、北海道（27.4%）、秋田（26.5%）。

从就业方向来看，制造业人数最多，为552 399人，占整体的27.0%。然后是服务业（其他未分类）（15.7%）和批发零售业（12.9%）。与2019年相比，进入制造业、医疗福利领域以及建筑业的人数分别增加69 121人、56 578人、51 767人。

随着中国经济社会条件的转变，特别是工资水平的提高、汇率的变化以及人口结构的变迁，在日本工作的吸引力减弱，中日两国劳务合作需更加注重高质量发展。一方面，应始终将保障劳务人员安全和合法权益放在首位，规范双方企业经营行为，约束合作企业依法合规经营、诚信履约；另一方面，应注重提高劳动者技能素质，双方可在劳务资源培育领域加强合作，依托专业学校和数字化机制，定向定点培养拥有较高技能的劳动者，提高劳动生产效率。

（二）承包工程

对外承包工程是指企业或者其他单位承包境外建设工程项目的活动。对外承包工程是中国和日本对外经济合作的重要形式。2023年，美国《工程新闻记录（ENR）》发布"全球最大250家国际承包商"（按2022年国际营业额）排名中，有81家中国企业进入榜单，国际营业额为1 179.3亿美元，同比增长4.4%，占上榜企业的27.5%，排名第一；另有11家日本企业进入榜单。

据中国商务部统计，2023年，中国对外承包工程业务完成营业额11 338.8亿元人民币，较2022年增长8.8%（折合1 609.1亿美元，增长3.8%），新签合同额为18 639.2亿元人民币，增长9.5%（折合2 645.1亿美元，增长4.5%）。2023年，中国企业在"一带一路"共建国家，新签承包工程合同额为16 007.3亿元人民币，增长10.7%（折合2 271.6亿美元，增长5.7%）；完成营业额9 305.2亿元人民币，增长9.8%（折合1 320.5亿美元，增长4.8%）。

据日本海外建设协会（OCAJI）统计，2023年，协会会员企业新签订海外建设合同1 850份，合同额为22 907亿日元（折合163.0亿美元）。按区域统计，亚洲新签订合同额为10 406亿日元（折合74.0亿美元），排名第一，占比为45.4%；北美洲为7 878亿日元；拉丁美洲为432亿日元；欧洲为1 596亿日元；大洋洲为2 094亿日元。

中日两国对外承包工程业务均集中于亚洲地区。相对来看，中方具有成本低、承包工程效率高等优势；日方具有技术水平高、系统性、环保性强等优势。当前区域经济面临诸多挑战，双方应当在竞合关系中寻找共同利益、实现合作共荣，亚洲各国庞大的基础设施需求也为中日在承包工程领域实现合作共赢提供了充裕空间。

中日两国在官方层面持续推动第三方市场合作。2018年，中日双方签署《关于中日第三方市场合作备忘录》及相关协议，双方在基础设施建设、金融、能源环保、物流、医疗保健、医疗支援等方面将加强合作。2021年7月，中日促进绿色低碳第三方市场合作研讨会在湖北武汉召开，中国商务部部长助理任鸿斌、日本驻华大使垂秀夫均发表视频致辞，会议发布了《中日第三方市场合作示范项目案例集》。2022年12月，由中国国务院新闻办公室、日本外务省支持，中国外文局和日本言论NPO共同主办的第18届"北京—东京论坛"以线下、线上相结合的形式，在北京、东京同时举行。与会嘉宾普遍认为，中日合作前景广阔，双方应增进互信、坦诚对话、深化合作。2023年10月，第一届中日第三方市场合作论坛在北京举办。论坛由中国商务部、发展改革委与日本经济产业省、外务省共同主办，为两国政府和民间就第三方市场合作开展交流搭建平台。论坛期间，双方共签署52项合作协议，包括基础设施、金融、物流、信息技术等广泛领域。

附录

附录　可供咨询机构名录

机构名称	地址	电话
中国驻日使（领）馆		
中国驻日本大使馆	〒106-0046 东京都港区元麻布 3-4-33	+81-3-34033388
中国驻日本大使馆经济商务处	〒106-0047 东京都港区南麻布 5-8-16	+81-3-34402011
中国驻大阪总领事馆	〒550-0004 大阪府大阪市西区靱本町 3-9-2	+81-6-64459481
中国驻福冈总领事馆	〒810-0065 福冈县福冈市中央区地行 1-3-3	+81-92-7131121
中国驻札幌总领事馆	〒064-0913 北海道札幌市中央区南 13 条西	+81-11-5635563
中国驻长崎总领事馆	〒852-8114 長崎县長崎市橋口町 10-35	+81-95-8493311
中国驻名古屋总领事馆	〒461-0005 爱知县名古屋市东区东桜 2-8-37	+81-52-9321098
在日本各中国企业协会、商会		
在日中国企业协会	东京都港区西新桥 2-35-2	0081-3-3437-7811
西日本中国企业联合会	大阪市中央区安土町 2-2-15 堺筋本町駅前ビル 6F 602 号室	0081-6-6226-8815
日本中部中资企业协会	爱知县名古屋市中区金山 1-11-10 金山ハイホームビル 509	0081-52-684-4408
名古屋中资企业协会	名古屋市中区锦 1-13-26 名古屋伏见スクエアビル 1 階	0081-52-201-6668
新潟在日中国企业协会	新潟市中央区万代 2-1-1COZMIX ビル 2 F	0081-25-248-5701
九州中资企业协会	福冈市博多区博多駅前 3-9-5 205 号室	0081-92-409-7318
札幌中资企业协会北海道中资企业协会	札幌市中央区北 1 条西 3 丁目 3-27 札幌北一条駅前通りビル 6 F	0081-11-242-1258
日本驻中国使（领）馆		
日本驻中国大使馆	北京市朝阳区亮马桥东街 1 号	010-8531-9800
日本驻上海总领事馆	上海市万山路 8 号	021-5257-4766
日本驻广州总领事馆	广东省广州市环市东路 368 号花园大厦	020-8334-3009
日本驻沈阳总领事馆	辽宁省沈阳市和平区十四纬路 50 号	024-2322-7490
日本驻沈阳领事馆常驻大连办事处	辽宁省大连市西岗区中山路 147 号森茂大厦 3 楼	0411-8370-4077
日本驻重庆总领事馆	重庆市渝中区民族路 188 号环球金融中心 42 层	023-6373-3585
日本驻青岛总领事馆	山东省青岛市香港中路 59 号青岛国际金融中心 45F	0532-8090-0001
日本驻香港总领事馆	香港中环康乐广场 8 号交易广场第一座 46 楼及 47 楼	+852-2522-1184
日本主要商协会		
日本经济团体联合会	〒100-8188 东京都千代田区大手町 1-3-2 经团连会馆	+81-3-6741222
日本经济同友会	〒100-0005 东京都千代田区丸の内 1-4-6	+81-3-32111271

机构名称	地址	电话
日本商工会议所（日本商会）	〒 100–0005 东京都千代田区丸の内 3–2–2	+81–3–32837823
东京商工会议所（东京商会）	〒 100–0005 东京都千代田区丸の内 3–2–2	+81–3–32837500
日本贸易振兴机构（JETRO）	〒 107–6006 东京都港区赤坂 1–12–32 アーク森ビル 6 階	+81–3–35825511
日本国际贸易促进协会	〒 101–0047 东京都千代田区内神田 1–9–13 柿沼ビル 4 階	+81–3–67408271
日中经济协会	〒 102–0071 东京都千代田区富士見 1–1–8 千代田富士見ビル 2 階	+81–3–52267351
日本贸易会	〒 105–6106 东京都港区浜松町 2–4–1 世界贸易センタービル 6 階	+81–3–34355952
日中投资促进机构	〒 102–0071 东京都千代田区富士見 1–1–8 千代田富士見ビル 2 階	+81–3–5226141
日本国际贸易促进协会京都总局	〒 600–8411 京都市下京区烏丸通四条下ル水銀屋町 637 第五長谷ビル 3 階	+81–76–354777
在华日本投资促进机构		
日本贸易振兴机构东京本部	日本东京都港区赤坂1–12–32	0081–3–35825181
日本贸易振兴机构北京代表处	北京市朝阳区建国门外大街甲26号长富宫办公楼7003室	010–6513–7077
日本贸易振兴机构上海代表处	上海市长宁区延安西路2201号上海国际贸易中心21层	021–6270–0489
日本贸易振兴机构大连代表处	大连市西岗区中山路147号森茂大厦19楼	0411–8360–9418
日本贸易振兴机构广州代表处	广州市天河区天河北路233号中信广场2602室	020–8752–0060
日本贸易振兴机构青岛代表处	山东省青岛市市南区香港中路61号乙 青岛远洋大厦12-D室	0532–8387–8909
日本贸易振兴机构武汉代表处	湖北省武汉市江岸区中山大道1628号 平安金融中心507号室	027–5950–0707
日本贸易振兴机构成都代表处	四川省成都市武侯区人民南路四段3号成都来福士广场办公楼塔2栋第20层03号	028–8779–6693
日本贸易振兴机构香港代表处	香港湾仔皇后大道东183号合和中心 40层4001室	852–2526–4067
在日中国企业协会主要会员		
中国国际贸易促进委员会驻日本代表处（协会秘书处）	东京都港区西新桥2–35–2	0081–3–3437–7811
宝和通商株式会社	东京都千代田区1–15宝和大楼	0081–3–3237–9121
日本五金矿产株式会社	东京都江东区深川2–7–15	0081–3–5639–9555
CMIC燕明株式会社	东京都新宿区信浓町12番地SANMO大厦6层	0081–3–3359–7621
中国石油国际事业（日本）有限公司	东京都港区东新桥一丁目9番2号汐留住友大厦21层	0081–3–3575–8566
中国银行东京分行	东京都港区赤坂3丁目4番1号	0081–3–3505–8818

机构名称	地址	电话
中国农业银行东京分行	东京都千代田区丸之内2-3-2 邮船大厦	0081-3-5208-5577
中国工商银行东京分行	东京都千代田区丸之内1-2-1	0081-3-5223-2088
中国建设银行东京分行	东京都千代田区大手町1-5-1	0081-3-5293-5218
交通银行东京分行	东京都中央区日本桥1-3-5 三洋GROUP大楼	0081-3-6822-9688
中远海运日本株式会社	东京都千代田区霞关3-2-1 COMMON GATE西馆33层	0081-3-6328-2073
中国国际航空股份有限公司日本支社	东京都港区虎门2-5-2	0081-3-5251-0860
华为技术日本株式会社	东京都千代田大手町1-5-1	0081-3-6266-8008
上海电力日本株式会社	东京都千代田区丸之内2-4-1	0081-3-6758-7188
银联国际有限公司日本公司	东京都港区虎门1-23-1 虎门大厦森塔楼21F	0081-3-6731-1100
中化日本株式会社	东京都港区新桥5-5-1 IMC新桥6F	0081-3-3434-7876
中国太平保险服务日本株式会社	东京都中央区八丁崛3-18-6 PMO京桥东10F	0081-3-6262-8236
中国中信集团有限公司驻日本代表处	东京都港区赤坂1-14-5	0081-3-3584-2635
中国南方航空股份有限公司日本区域办事处	东京都港区新桥1-1-1 日比谷大厦10F	0081-3-5157-8011
中国东方航空日本营销中心	东京都千代田区永田町2-11-1 6F	0081-3-3506-1166
人民网日本株式会社	东京都目黑区三田1-2-17	0081-3-3449-8256
中青旅日本株式会社	东京都目黑区三田1-2-17	0081-3-3449-8256
中兴通讯（日本）子公司	东京都中央区晴海1-8-12	0081-3-6221-6066

资料来源：商务部国际贸易经济合作研究院、中国驻日本大使馆经济商务处，商务部对外投资和经济合作司、《对外投资合作国别（地区）指南——日本（2022年版）》、中国国际贸易促进委员会《企业对外投资国别（地区营商环境指南）——日本（2022）》。

声　明

　　《中日贸易投资合作报告（2024）》的版权归主编单位所有。本报告中的文字、图片、表格等均为原创，任何组织及个人的任何引用须注明出自本报告。

　　《中日贸易投资合作报告（2024）》中的所有数据和素材均来自国内外权威机构。其中，货物贸易数据来自中国海关、日本海关、中国商务部、中国国家统计局、瀚闻资讯等机构，服务贸易数据来自中国商务部、经济合作与发展组织等机构，投资数据来自中国商务部、中国国家市场监督管理总局、日本银行、日本国税厅、日本贸易振兴机构、瀚闻资讯等机构。由于各机构会定期对发布数据进行修订，本报告编写时均采用当时最新修订后的数据进行统计计算，而且部分数据也可能在报告发布后持续被修订。

大连瀚闻资讯有限公司